最新法律文件解读丛书

商　事
法律文件解读

SHANGSHI FALÜ WENJIAN JIEDU

人民法院出版社　编

总第 233 辑　2024.05

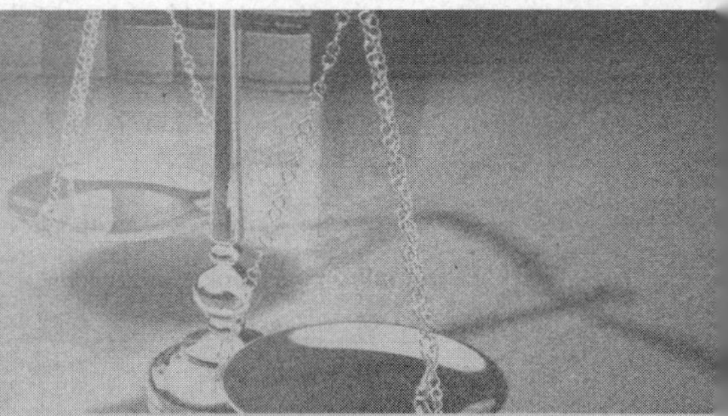

人 民 法 院 出 版 社

图书在版编目（CIP）数据

商事法律文件解读. 总第233辑 / 人民法院出版社编. 北京 : 人民法院出版社, 2024. 8. --（最新法律文件解读丛书）. -- ISBN 978-7-5109-3871-9

Ⅰ. D923.995

中国国家版本馆CIP数据核字第20246P3J45号

商事法律文件解读·总第233辑

人民法院出版社 编

责任编辑 路建华

出版发行 人民法院出版社

地　　址 北京市东城区东交民巷27号　邮编　100745

电　　话 （010）67550660（责任编辑）　67550558（发行部查询）
65223677（读者服务部）

客服QQ 2092078039

网　　址 http://www.courtbook.com.cn

E-mail courtbook@sina.com

印　　刷 三河市国英印务有限公司

经　　销 新华书店

开　　本 787毫米×1092毫米　1/16

字　　数 115千字

印　　张 8

版　　次 2024年8月第1版　　2024年8月第1次印刷

书　　号 ISBN 978-7-5109-3871-9

定　　价 28.00元

卷首语

公平竞争是市场经济的基本原则，是市场机制高效运行的重要基础，在优化资源配置、降低制度性交易成本、调动经营者积极性和创造性方面发挥着重要作用，也是建设全国统一大市场的必然要求。党中央、国务院对营造公平竞争市场环境高度重视。2024年6月6日，国务院公布《公平竞争审查条例》（以下简称《条例》），对反垄断法和国务院文件规定的公平竞争审查制度进一步细化并落到实处。本辑收录了《条例》及其答记者问，以帮助读者准确理解和适用《条例》。

为正确适用2023年12月29日第十四届全国人民代表大会常务委员会第七次会议第二次修订的公司法，最高人民法院于2024年6月29日公布《最高人民法院关于适用〈中华人民共和国公司法〉时间效力的若干规定》（以下简称《公司法时间效力规定》）。本辑重点收录了《公司法时间效力规定》及其解读文章。

在“司法实务问题研究”栏目，本辑收录了《功能、体系与实践之维：预约合同认定与规则适用——以〈最高人民法院关于适用《中华人民共和国民法典》合同编通则若干问题的解释〉第六条至第八条为视角》一文。文章从预约合同制度功能、体系与司法实践的现实需求三个维度出发，对《最高人民法院关于适用〈中华人民共和国民法典〉合同编通则若干问题的解释》规定的预约合同制度提供一种合理的解释路径，以期对预约合同制度的准确适用有所裨益。

目录

行政法规、法规性文件与解读

司法解释、司法指导性文件与解读

行政法规、法规性文件与解读

国务院

关于实施《中华人民共和国公司法》注册资本登记管理制度的规定

（2024年6月7日国务院第34次常务会议通过
2024年7月1日国务院令第784号公布
自公布之日起施行）

第一条 为了加强公司注册资本登记管理，规范股东依法履行出资义务，维护市场交易安全，优化营商环境，根据《中华人民共和国公司法》（以下简称公司法），制定本规定。

第二条 2024年6月30日前登记设立的公司，有限责任公司剩余认缴出资期限自2027年7月1日起超过5年的，应当在2027年6月30日前将其剩余认缴出资期限调整至5年内并记载于公司章程，股东应当在调整后的认缴出资期限内足额缴纳认缴的出资额；股份有限公司的发起人应当在2027年6月30日前按照其认购的股份全额缴纳股款。

公司生产经营涉及国家利益或者重大公共利益，国务院有关主管部门或者省级人民政府提出意见的，国务院市场监督管理部门可以同意其按原出资期限出资。

第三条 公司出资期限、注册资本明显异常的，公司登记机关可以结合公司的经营范围、经营状况以及股东的出资能力、主营项目、资产规模等进行研判，认定违背真实性、合理性原则的，可以依法要求其及时调整。

第四条 公司调整股东认缴和实缴的出资额、出资方式、出资期限，或者调整发起人认购的股份数等，应当自相关信息产生之日起 20 个工作日内通过国家企业信用信息公示系统向社会公示。

公司应当确保前款公示信息真实、准确、完整。

第五条 公司登记机关采取随机抽取检查对象、随机选派执法检查人员的方式，对公司公示认缴和实缴情况进行监督检查。

公司登记机关应当加强与有关部门的信息互联共享，根据公司的信用风险状况实施分类监管，强化信用风险分类结果的综合应用。

第六条 公司未按照本规定调整出资期限、注册资本的，由公司登记机关责令改正；逾期未改正的，由公司登记机关在国家企业信用信息公示系统作出特别标注并向社会公示。

第七条 公司因被吊销营业执照、责令关闭或者被撤销，或者通过其住所、经营场所无法联系被列入经营异常名录，出资期限、注册资本不符合本规定且无法调整的，公司登记机关对其另册管理，在国家企业信用信息公示系统作出特别标注并向社会公示。

第八条 公司自被吊销营业执照、责令关闭或者被撤销之日起，满 3 年未向公司登记机关申请注销公司登记的，公司登记机关可以通过国家企业信用信息公示系统予以公告，公告期限不少于 60 日。

公告期内，相关部门、债权人以及其他利害关系人向公司登记机关提出异议的，注销程序终止。公告期限届满后无异议的，公司登记机关可以注销公司登记，并在国家企业信用信息公示系统作出特别标注。

第九条 公司的股东或者发起人未按照本规定缴纳认缴的出资额或者股款，或者公司未依法公示有关信息的，依照公司法、《企业信息公示暂行条例》的有关规定予以处罚。

第十条 公司登记机关应当对公司调整出资期限、注册资本加强指导，制定具体操作指南，优化办理流程，提高登记效率，提升登记便利化水平。

第十一条 国务院市场监督管理部门根据本规定，制定公司注册资本登记管理的具体实施办法。

第十二条 上市公司依照公司法和国务院规定，在公司章程中规定在董事会中设置审计委员会，并载明审计委员会的组成、职权等事项。

第十三条 本规定自公布之日起施行。

司法部、市场监管总局负责人就《国务院关于实施〈中华人民共和国公司法〉注册资本登记管理制度的规定》答记者问

2024年7月1日，国务院总理李强签署国务院令，公布《国务院关于实施〈中华人民共和国公司法〉注册资本登记管理制度的规定》（以下简称《规定》），自公布之日起施行。日前，司法部、市场监管总局负责人就有关问题回答了记者提问。

问：请简要介绍一下《规定》的出台背景。

答：党中央、国务院高度重视完善中国特色现代企业制度，持续优

化营商环境。2023年12月29日，十四届全国人大常委会第七次会议通过修订后的公司法（以下简称新公司法），自2024年7月1日起施行。新公司法针对公司注册资本认缴制实践中出现的“认缴出资期限过长”“天价出资”“空壳公司”影响交易安全、损害债权人利益、扰乱市场秩序等问题，对公司注册资本认缴制作了调整，规定有限责任公司全体股东认缴的出资额由股东按照公司章程的规定自公司成立之日起5年内缴足，股份有限公司发起人应当在公司成立前按照其认购的股份全额缴纳股款。同时，规定新公司法施行前已登记设立的公司（以下简称存量公司）出资期限超过规定期限的，应当逐步调整至规定期限以内；对于出资期限、出资额明显异常的，公司登记机关可以依法要求其及时调整；并授权国务院制定具体实施办法。全国人大常委会在审议通过新公司法时明确要求，要抓紧制定具体实施办法，在2024年7月1日与新公司法同步实施。

为落实新公司法和全国人大常委会要求，市场监管总局在深入调研、征求有关方面意见并向社会公开征求意见基础上，研究起草并向国务院报送了《国务院关于实施〈中华人民共和国公司法〉注册资本登记管理制度的规定（草案送审稿）》。司法部在立法审查中，广泛征求了中央有关单位、各省级人民政府意见，会同市场监管总局开展实地调研，召开座谈会、专家论证会听取意见建议，对重点问题反复研究，修改形成了《规定》草案。

问：制定《规定》总体思路是什么？

答：《规定》在制定过程中，坚持以习近平新时代中国特色社会主义思想为指导，深入贯彻落实党中央、国务院关于优化营商环境的决策部署，遵循以下总体思路：一是坚持问题导向，聚焦存量公司适用新公司法问题，完善过渡期相关制度安排；二是坚持稳妥推进，兼顾法律统一实施和存量公司实际，合理明确存量公司调整出资期限的时限要求，推动公司注册资本登记管理制度改革平稳过渡；三是坚持统筹协调，在新公司法框架内补充完善相关规定，同时做好与《企业信息公示暂行条例》等行政法规的衔接。

问：为落实新公司法关于存量公司调整出资期限要求，《规定》重点作了哪些规定？

答：为推动新公司法平稳施行，消除存量公司对于调整出资期限不确定的担忧，为存量公司调整出资期限预留较为充裕的时间，《规定》根据我国当前存量公司数量和出资情况，并结合有关方面的意见建议，为存量公司调整出资期限设置了为期3年的过渡期，具体而言：一是有限责任公司剩余认缴出资期限自2027年7月1日起超过5年的，应当在2027年6月30日前将其剩余认缴出资期限调整至5年内，股东应当在调整后的认缴出资期限内足额缴纳认缴的出资额；二是股份有限公司的发起人应当在2027年6月30日前按照其认购的股份全额缴纳股款。此外，《规定》在遵循新公司法基本原则和要求前提下，对涉国家利益或者重大公共利益的存量公司出资期限调整作出例外安排，规定公司生产经营涉及国家利益或者重大公共利益，国务院有关主管部门或者省级人民政府提出意见的，国务院市场监督管理部门可以同意其按原出资期限出资。

问：对于公司出资异常问题，《规定》主要作了哪些规定？

答：针对当前一些存量公司认缴出资期限过长、注册资本过高，不符合实际情况甚至有悖常识的问题，《规定》根据新公司法要求，规定公司出资期限、注册资本明显异常的，公司登记机关可以结合公司的经营范围、经营状况以及股东的出资能力、主营项目、资产规模等进行研判，认定违背真实性、合理性原则的，可以依法要求其及时调整。

问：公司调整出资期限等需要履行哪些义务？未按规定履行义务将面临什么后果？

答：根据新公司法和《企业信息公示暂行条例》，《规定》细化了公司调整出资期限等有关义务：一是公司调整股东认缴和实缴的出资额、出资方式、出资期限或者发起人认购的股份数的，应当依法向社会公示。二是公司登记机关对公司公示认缴和实缴情况进行监督检查，根据公司的信用风险状况实施分类监管。三是公司未按照《规定》调整出资期限、注册资本的，由公司登记机关责令改正；逾期未改正的，由公司登记机关在国家企业信用信息公示系统作出特别标注并向社会公示。此外，对于公司的股东或者发起人未依法履行实缴义务，或者公司未依法公示有关信息的，依照新公司法和《企业信息公示暂行条例》的有关规定予以处罚。

问：对于新公司法中的公司强制注销制度，《规定》作了哪些细化规定？

答：为清理名存实亡的“僵尸公司”，更好推动公司注册资本登记管理制度落地实施，《规定》对新公司法中的公司强制注销规定作了细化：一是公司自被吊销营业执照、责令关闭或者被撤销之日起，满3年未向公司登记机关申请注销公司登记的，公司登记机关可以通过国家企业信用信息公示系统予以公告，公告期限不少于60日；二是公告期内，相关部门、债权人以及其他利害关系人向公司登记机关提出异议的，注销程序终止；三是公告期限届满后无异议的，公司登记机关可以注销公司登记，并在国家企业信用信息公示系统作出特别标注。

问：《规定》要求上市公司依照公司法和国务院规定，在公司章程中规定在董事会中设置审计委员会，主要考虑是什么？

答：新公司法规定，股份有限公司可以按照公司章程的规定在董事会中设置审计委员会，行使监事会的职权，不设监事会或者监事。我国资本市场于2001年首次在上市公司治理结构中引入审计委员会制度。2018年中国证监会发布的《上市公司治理准则》将审计委员会确定为上市公司必设机构。目前，所有上市公司均设置了审计委员会。审计委员会在强化对公司内部控制、财务信息监督等方面发挥了积极作用。2023年4月，为进一步优化上市公司独立董事制度，国务院办公厅印发《关于上市公司独立董事制度改革的意见》，明确要求上市公司董事会应当设置审计委员会。为落实新公司法和《关于上市公司独立董事制度改革的意见》要求，《规定》明确上市公司依照公司法和国务院规定，在公司章程中规定在董事会中设置审计委员会，并载明审计委员会的组成、职权等事项。下一步，中国证监会将出台配套制度规则，细化上市公司审计委员会的组成、职权等规定，为上市公司审计委员会运作和更好发挥作用提供具体指引和保障。

问：《规定》施行后，还将重点做好哪些工作？

答：市场监管总局将和有关部门共同做好《规定》贯彻实施工作：一是开展宣传解读。充分结合地方实际，通过制定办事指南、宣传手册、视频动画等方式在市场监管部门官网、办事大厅、登记注册界面等加强政策解读，帮助企业准确把握《规定》要求，解决登记过程中遇到的困难和问题。二是出台配套规章。加快制定公司登记注册的实施办法等规章，对生产经营涉及国家利益或者重大公共利益的可以按原出资期限出资的具体情形、注册资本明显异常的具体认定和处理、公司另册管理制度等作细化规定；修订企业信息公示配套规章，完善企业信息公示和信用监管相关要求。三是做好相关保障。改造升级经营主体登记注册系统和国家企业信用信息公示系统，完善登记申请文书和材料规范，持续优化登记注册办理流程，提升登记效率，不断提高公司办事体验和满意度。

（来源：司法部网站）

公平竞争审查条例

（2024 年 5 月 11 日国务院第 32 次常务会议通过
2024 年 6 月 6 日国务院令第 783 号公布
自 2024 年 8 月 1 日起施行）

第一章　总　　则

第一条　为了规范公平竞争审查工作，促进市场公平竞争，优化营商环境，建设全国统一大市场，根据《中华人民共和国反垄断法》等法律，制定本条例。

第二条　起草涉及经营者经济活动的法律、行政法规、地方性法规、规章、规范性文件以及具体政策措施（以下统称政策措施），行政机关和法律、法规授权的具有管理公共事务职能的组织（以下统称起草单位）应当依照本条例规定开展公平竞争审查。

第三条　公平竞争审查工作坚持中国共产党的领导，贯彻党和国家路线方针政策和决策部署。

国家加强公平竞争审查工作，保障各类经营者依法平等使用生产要素、公平参与市场竞争。

第四条　国务院建立公平竞争审查协调机制，统筹、协调和指导全国公平竞争审查工作，研究解决公平竞争审查工作中的重大问题，评估全国公平竞争审查工作情况。

第五条 县级以上地方人民政府应当建立健全公平竞争审查工作机制，保障公平竞争审查工作力量，并将公平竞争审查工作经费纳入本级政府预算。

第六条 国务院市场监督管理部门负责指导实施公平竞争审查制度，督促有关部门和地方开展公平竞争审查工作。

县级以上地方人民政府市场监督管理部门负责在本行政区域组织实施公平竞争审查制度。

第七条 县级以上人民政府将公平竞争审查工作情况纳入法治政府建设、优化营商环境等考核评价内容。

第二章 审查标准

第八条 起草单位起草的政策措施，不得含有下列限制或者变相限制市场准入和退出的内容：

（一）对市场准入负面清单以外的行业、领域、业务等违法设置审批程序；

（二）违法设置或者授予特许经营权；

（三）限定经营、购买或者使用特定经营者提供的商品或者服务（以下统称商品）；

（四）设置不合理或者歧视性的准入、退出条件；

（五）其他限制或者变相限制市场准入和退出的内容。

第九条 起草单位起草的政策措施，不得含有下列限制商品、要素自由流动的内容：

（一）限制外地或者进口商品、要素进入本地市场，或者阻碍本地经营者迁出，商品、要素输出；

（二）排斥、限制、强制或者变相强制外地经营者在本地投资经营或者设立分支机构；

（三）排斥、限制或者变相限制外地经营者参加本地政府采购、招标投标；

（四）对外地或者进口商品、要素设置歧视性收费项目、收费标准、价格或者补贴；

（五）在资质标准、监管执法等方面对外地经营者在本地投资经营设置歧视性要求；

（六）其他限制商品、要素自由流动的内容。

第十条 起草单位起草的政策措施，没有法律、行政法规依据或者未经国务院批准，不得含有下列影响生产经营成本的内容：

（一）给予特定经营者税收优惠；

（二）给予特定经营者选择性、差异化的财政奖励或者补贴；

（三）给予特定经营者要素获取、行政事业性收费、政府性基金、社会保险费等方面的优惠；

（四）其他影响生产经营成本的内容。

第十一条 起草单位起草的政策措施，不得含有下列影响生产经营行为的内容：

（一）强制或者变相强制经营者实施垄断行为，或者为经营者实施垄断行为提供便利条件；

（二）超越法定权限制定政府指导价、政府定价，为特定经营者提供优惠价格；

（三）违法干预实行市场调节价的商品、要素的价格水平；

（四）其他影响生产经营行为的内容。

第十二条 起草单位起草的政策措施，具有或者可能具有排除、限制竞争效果，但符合下列情形之一，且没有对公平竞争影响更小的替代方案，并能够确定合理的实施期限或者终止条件的，可以出台：

（一）为维护国家安全和发展利益的；

（二）为促进科学技术进步、增强国家自主创新能力的；

（三）为实现节约能源、保护环境、救灾救助等社会公共利益的；

（四）法律、行政法规规定的其他情形。

第三章　审查机制

第十三条　拟由部门出台的政策措施，由起草单位在起草阶段开展公平竞争审查。

拟由多个部门联合出台的政策措施，由牵头起草单位在起草阶段开展公平竞争审查。

第十四条　拟由县级以上人民政府出台或者提请本级人民代表大会及其常务委员会审议的政策措施，由本级人民政府市场监督管理部门会同起草单位在起草阶段开展公平竞争审查。起草单位应当开展初审，并将政策措施草案和初审意见送市场监督管理部门审查。

第十五条　国家鼓励有条件的地区探索建立跨区域、跨部门的公平竞争审查工作机制。

第十六条　开展公平竞争审查，应当听取有关经营者、行业协会商会等利害关系人关于公平竞争影响的意见。涉及社会公众利益的，应当听取社会公众意见。

第十七条　开展公平竞争审查，应当按照本条例规定的审查标准，在评估对公平竞争影响后，作出审查结论。

适用本条例第十二条规定的，应当在审查结论中详细说明。

第十八条　政策措施未经公平竞争审查，或者经公平竞争审查认为违反本条例第八条至第十一条规定且不符合第十二条规定情形的，不得出台。

第十九条　有关部门和单位、个人对在公平竞争审查过程中知悉的国家秘密、商业秘密和个人隐私，应当依法予以保密。

第四章　监督保障

第二十条　国务院市场监督管理部门强化公平竞争审查工作监督保障，建立健全公平竞争审查抽查、举报处理、督查等机制。

第二十一条　市场监督管理部门建立健全公平竞争审查抽查机制，组织对有关政策措施开展抽查，经核查发现违反本条例规定的，应当督促起草单位进行整改。

市场监督管理部门应当向本级人民政府报告抽查情况，抽查结果可以向社会公开。

第二十二条　对违反本条例规定的政策措施，任何单位和个人可以向市场监督管理部门举报。市场监督管理部门接到举报后，应当及时处理或者转送有关部门处理。

市场监督管理部门应当向社会公开受理举报的电话、信箱或者电子邮件地址。

第二十三条　国务院定期对县级以上地方人民政府公平竞争审查工作机制建设情况、公平竞争审查工作开展情况、举报处理情况等开展督查。国务院市场监督管理部门负责具体实施。

第二十四条　起草单位未依照本条例规定开展公平竞争审查，经市场监督管理部门督促，逾期仍未整改的，上一级市场监督管理部门可以对其负责人进行约谈。

第二十五条　未依照本条例规定开展公平竞争审查，造成严重不良影响的，对起草单位直接负责的主管人员和其他直接责任人员依法给予处分。

第五章　附　　则

第二十六条　国务院市场监督管理部门根据本条例制定公平竞争审查的具体实施办法。

第二十七条　本条例自2024年8月1日起施行。

司法部、市场监管总局负责人就《公平竞争审查条例》答记者问

2024年6月6日，国务院总理李强签署第783号国务院令，公布《公平竞争审查条例》（以下简称《条例》），自2024年8月1日起施行。日前，司法部、市场监管总局负责人就有关问题回答了记者提问。

问：请简要介绍一下《条例》的出台背景。

答：公平竞争是市场经济的基本原则，是市场机制高效运行的重要基础，在优化资源配置、降低制度性交易成本、调动经营者积极性和创造性方面发挥着重要作用，也是建设全国统一大市场的必然要求。党中央、国务院对营造公平竞争市场环境高度重视。近年来，我国着力完善公平竞争制度规则。2016年，《国务院关于在市场体系建设中建立公平竞争审查制度的意见》（国发〔2016〕34号）提出建立公平竞争审查制度。2022年，修改后的反垄断法规定“国家建立健全公平竞争审查制度”。公平竞争审查制度实施以来，对于规范行政机关和法律、法规

授权的具有管理公共事务职能的组织的行为，防止滥用行政权力排除限制竞争，维护公平竞争市场秩序和经营者合法权益发挥了积极作用。与此同时，公平竞争审查制度在实施过程中也存在一些突出问题。有的政策措施在起草时未按照要求开展公平竞争审查，在市场准入、要素获取、政府采购、招标投标、奖励补贴等方面对经营者尤其是民营企业进行隐性的歧视性差别对待，地方保护、区域封锁、行业壁垒等情形仍然存在，“玻璃门”“旋转门”“弹簧门”等现象较为突出，妨碍了商品要素资源在全国范围内畅通流动。因此，有必要制定公平竞争审查条例，对反垄断法和国务院文件规定的公平竞争审查制度进一步细化并落到实处。

市场监管总局在总结近年来各地区开展公平竞争审查实践经验、征求有关方面意见并向社会公开征求意见基础上，向国务院报送了《公平竞争审查条例（草案送审稿）》。司法部在立法审查中，广泛征求中央有关单位、各省级人民政府意见，会同市场监管总局深入开展调研，听取有关经营者、行业协会商会和专家学者的意见建议，对重点问题深入研究，修改形成了《条例》草案。

问：制定《条例》的总体思路是什么？

答：《条例》在制定过程中，坚持以习近平新时代中国特色社会主义思想为指导，深入贯彻落实党中央、国务院关于加快建设全国统一大市场的决策部署，遵循以下总体思路：一是坚持问题导向。聚焦当前经营者反映突出的问题，构建公平竞争审查制度规则。二是坚持统筹兼顾。着力打破地区封锁和行业垄断，科学、合理设置审查要求。三是强化实施监督。完善公平竞争审查实施机制，推动自我审查与外部监督相结合，提升公平竞争审查的制度刚性。

问：公平竞争审查的主体和范围是什么？

答：公平竞争审查的主体主要包括两类：一是行政机关；二是法律、法规授权的具有管理公共事务职能的组织（以下统称起草单位）。

公平竞争审查的范围是上述起草单位起草的涉及经营者经济活动的法律、行政法规、地方性法规、规章、规范性文件以及具体政策措施(以下统称政策措施)。

问：关于公平竞争审查，有关方面的职责是什么？

答：一是国务院建立公平竞争审查协调机制，统筹、协调和指导全国公平竞争审查工作，研究解决公平竞争审查工作中的重大问题。二是县级以上地方人民政府应当建立健全公平竞争审查工作机制。三是国务院市场监督管理部门负责指导实施公平竞争审查制度，督促有关部门和地方开展公平竞争审查工作；县级以上地方人民政府市场监督管理部门负责在本行政区域组织实施公平竞争审查制度。

问：开展公平竞争审查应当符合什么要求？

答：起草单位起草的政策措施，应当符合以下要求：一是不得含有限制或者变相限制市场准入和退出的内容；二是不得含有限制商品和要素自由流动的内容；三是没有法律、行政法规依据或者未经国务院批准，不得含有影响生产经营成本的内容；四是不得含有影响生产经营行为的内容。此外，起草单位起草的政策措施，具有或者可能具有排除、限制竞争效果，但有为维护国家安全和发展利益，为促进科学技术进步、增强国家自主创新能力，或者为实现节约能源、保护环境、救灾救助等社会公共利益等规定情形的，且没有对公平竞争影响更小的替代方案，并能够确定合理的实施期限或者终止条件的，可以出台。

问：《条例》围绕公平竞争审查机制作了哪些主要规定？

答：一是拟由部门出台的政策措施，由起草单位在起草阶段开展公平竞争审查；拟由多个部门联合出台的政策措施，由牵头起草单位在起草阶段开展公平竞争审查。二是拟由县级以上人民政府出台或者提请本级人大及其常委会审议的政策措施，由本级人民政府市场监督管理部门会同起草单位在起草阶段开展公平竞争审查。三是开展公平竞争审查，应当听取有关利害关系人的意见；涉及社会公众利益的，应当听取社会公众意见。四是政策措施未经公平竞争审查，或者不符合《条例》规定的，不得出台。

问：在强化监督保障方面，《条例》作了哪些规定？

答：一是市场监督管理部门组织对有关政策措施开展抽查，发现违反《条例》规定的，应当督促起草单位进行整改。二是对违反《条例》规定的政策措施，任何单位和个人可以向市场监督管理部门举报。市场监督管理部门接到举报后，应当及时处理或者转送有关部门处理。三是国务院定期对县级以上地方人民政府公平竞争审查工作机制建设情况、公平竞争审查工作开展情况、举报处理情况等开展督查，国务院市场监督管理部门负责具体实施。四是起草单位未依照《条例》规定开展公平竞争审查，经市场监督管理部门督促，逾期仍未整改的，上一级市场监督管理部门可以对其负责人进行约谈。

问：《条例》施行后，将重点做好哪些工作？

答：市场监管总局将和有关部门共同做好《条例》的贯彻实施工作。一是加大宣传解读力度。组织多种形式的宣传引导，加强公平竞争审查专业培训；二是完善公平竞争审查配套制度规则，细化审查标准，完善审查工作流程，强化审查制度机制保障；三是强化指导实施公平竞争审查制度，做好重大政策措施会同审查机制落实；四是做好政策措施源头治理，强化事前预防和事后监管，充分发挥监督抽查、督促整改、约谈提醒等约束作用，督促各地区、各部门落实公平竞争审查主体责任。

（来源：司法部网站）

国务院办公厅转发中国证监会等部门《关于进一步做好资本市场财务造假综合惩防工作的意见》的通知

2024年6月29日　　国办发〔2024〕34号

各省、自治区、直辖市人民政府，国务院各部委、各直属机构：

中国证监会、公安部、财政部、中国人民银行、金融监管总局、国务院国资委《关于进一步做好资本市场财务造假综合惩防工作的意见》已经国务院同意，现转发给你们，请认真贯彻执行。

中国证监会　公安部　财政部

中国人民银行　金融监管总局　国务院国资委

关于进一步做好资本市场财务造假综合惩防工作的意见

资本市场在金融运行中具有牵一发而动全身的重要作用，财务造假严重扰乱资本市场秩序、动摇投资者信心。近年来，各有关方面认真贯彻落实党中央、国务院决策部署，持续加大监管执法力度，一批财务造假案件得到及时查处，市场生态有效净化。但是，财务造假花样翻新，案件查处难度大，有效打击系统性、隐蔽性、复杂性财务造假的任务十分艰巨，必须坚持综合施策，强化标本兼治，持续保持高压态势，切实增强工作合力。为从严打击资本市场财务造假，维护良好市场生态，现就进一步做好财务造假综合惩防工作提出如下意见。

一、总体要求

以习近平新时代中国特色社会主义思想为指导，深入贯彻党的二十大精神，认真落实习近平总书记关于资本市场改革发展的重要指示批示精神，坚持稳中求进工作总基调，坚持市场化、法治化方向，进一步加大对财务造假的打击力度，完善监管协同机制，构建防治财务造假长效机制，加大制度供给，强化激励约束，为推动资本市场高质量发展提供有力支撑。

——坚持问题导向。依法从严打击财务造假，强化穿透式监管，提升执法司法工作质效。坚持“追首恶”与“打帮凶”并举，强化对造假责任人及配合造假方的追责。

——坚持系统观念。凝聚各方合力，提升财务造假综合惩防工作的系统性、整体性、协同性。强化条块结合、区域联动，形成各部门、各地区各司其职、齐抓共治的工作格局。

——坚持守正创新。加大基础制度供给，创新方式方法，构建常态化、长效化工作机制。强化激励约束，增强内生动力，营造崇尚诚信、不做假账的良好市场环境。

二、坚决打击和遏制重点领域财务造假

（一）严肃惩治欺诈发行股票债券行为。持续优化完善股票债券发行上市审核注册机制，把好资本市场“入口关”。加大股票发行环节现场检查和督导力度，聚焦业绩异常增长等情形，严防“带病闯关”。重点关注已违约及风险类债券发行人，严厉打击欺诈发行、虚假信息披露、挪用募集资金和逃废债等违法违规行为。

（二）严厉打击系统性造假和配合造假。密切跟进系统性、团伙型财务造假特征及演变趋势，依法从严打击通过伪造变造凭证、利用关联方虚构交易或第三方配合等方式实施系统性造假的行为。全面惩处财务造假的策划者、组织者、实施者、配合者以及专业化配合造假的职业犯罪团伙，坚决破除造假“生态圈”。

（三）加强对滥用会计政策实施造假的监管。强化财会监督，加大对滥用会计政策和会计估计实施财务造假的打击力度。密切关注会计政策和会计估计执行情况，加大对操纵资产减值计提调节利润、以财务“洗澡”掩盖前期造假行为的打击力度。

（四）强化对特定领域财务造假的打击。依法惩治证券发行人、上市公司通过“空转”、“走单”等虚假贸易方式实施的财务造假。严厉打击利用供应链金融、商业保理、票据交易等方式实施的财务造假。从严惩处基于完成并购重组业绩承诺、便于大股东攫取巨额分红、满足股权激励行权条件、规避退市等目的实施的财务造假。压实私募股权创投基金管理人勤勉尽责责任，加强对基金所投项目财务真实性的尽职调查和投后管理，防范造假行为发生。

三、优化证券监管执法体制机制

（五）健全线索发现机制。加强日常监管，加大监督检查力度，突出科技支持作用，发挥全国信用信息共享平台的支撑功能，依法查询国家金融信用信息基础数据库，多渠道识别财务造假线索。健全对线索的全流程闭环管理机制，规范线索处置程序。依法依规利用银行流水电子化查询和反洗钱协查机制，提高涉案资金查询效率。建立健全配合造假方名录，延伸排查和串并分析其他相关方造假线索。优化检查调查统筹调度和跨区域协作机制，提升重大复杂线索发现能力。

（六）提升行政执法效能。加快推进监管转型，优化各条线各环节职能定位，构建高效协同的监管架构。强化发行审核、公司监管、中介机构监管等业务条线协同，提升监管效能。加强日常监管、稽查执法、行政处罚等各环节衔接，提升执法效率。完善重大财务造假案件调查处罚机制，提高查办质效。及时总结执法经验，持续优化监管工作流程机制。用好与境外证券监管机构签署的双边、多边监管合作谅解备忘录，加大跨境协查力度，提升对利用境外业务从事财务造假的查处效率。

（七）深化行刑衔接协作。推动强化证券执法和司法机关在信息共享、案件办理、警示教育等方面的协作。针对欺诈发行、违规信息披露、背信损害上市公司利益等重大证券违法线索，符合条件的，及时启动联合情报导侦工作。对跨区域、系统性等重大造假犯罪案件，推动建立健全公安和检察机关联合挂牌督办机制，提升大案要案查处效率。

四、加大全方位立体化追责力度

（八）强化行政追责威慑力。加快出台上市公司监督管理条例，明确第三方配合造假、资金占用等违规行为的法律责任。用足用好法律授权，加大对财务造假案件的处罚力度，对主要责任人员依法坚决实施市场禁入。优化财务造假行政处罚标准，大幅提高违法成本。对恶意转移财产的被执行人，通过向法院提起撤销权之诉追回相关财产。严格执行重大违法强制退市制度，对欺诈发行、严重财务造假的公司依法坚决予以退市，强化对相关机构和个人追责。

（九）推动加大刑事追责力度。推动出台背信损害上市公司利益罪司法解释，加大对控股股东、实际控制人组织实施财务造假、侵占上市公司财产等行为的刑事追责力度。深挖上市公司董事、高级管理人员挪用资金、职务侵占、背信损害上市公司利益等违法犯罪线索。供应商、客户、中介机构、金融机构等第三方人员配合实施财务造假构成犯罪的，依法坚决追究刑事责任。

（十）推动完善民事追责支持机制。探索建立证券公益诉讼制度。推动简化登记、诉讼、执行等程序，完善示范判决机制，加大证券纠纷特别代表人诉讼制度适用力度。统筹运用先行赔付、支持诉讼、代位诉讼、行政执法当事人承诺等一系列投资者赔偿救济制度机制，进一步提高违法成本。

五、加强部际协调和央地协同

（十一）国有资产出资人加强监督管理。履行国有资产出资人职责的部门、有关企业主管部门持续加强对所出资企业的监督管理，及时督促相关企业依法依规处置所控股证券发行人、上市公司财务造假及配合造假问题，严肃追责问责，并及时将处理结果反馈财政、证券监管部门。督促所出资企业积极履行对所参股证券发行人、上市公司财务真实性的股东监督责任。加强执法协作，发现涉及其他证券发行人、上市公司财务造假线索的，及时将线索移交财政、证券监管部门。

（十二）金融监管部门提升协同打击力度。金融监管部门及时处置所属企业、所监管企业的财务造假、配合造假、为违规占用担保提供协助等问题并向财政、证券监管部门通报。督促银行等金融机构加强对证券发行人、上市公司等贷款对象财务真实性的关注和审查。在函证集中化基础上，加快推进函证数字化处理，鼓励、引导中介机构等主体通过数字函证平台开展函证业务，加大对金融机构函证业务合规性的监督检查力度。强化证券执法与财政执法的分工协作，避免监管真空及监管重复。加大债券市场统一执法力度，提升执法效率。

（十三）压实地方政府责任。地方各级政府在提供政策支持过程中，将证券发行人、上市公司财务真实性作为扶优限劣的重要依据，依法合规出具税收、合规等证明文件。在市场监管、税务、能源消耗、社保缴纳、诉讼仲裁、产权登记等领域为相关部门调查取证提供支持。加强与相关部门工作协同，切实履行因财务造假问题引致风险的属地处置责任。

六、常态化长效化防治财务造假

（十四）增强公司治理内生约束。引导证券发行人、上市公司加强内控体系建设，突出对舞弊重点领域、环节的监督制约。落实独立董事改革要求，有效发挥独立董事监督作用，强化审计委员会反舞弊职责。推动上市公司建立绩效薪酬追索等内部追责机制，督促董事和高级管理人员履职尽责。强化考核约束，将财务造假作为各级国有企业负责人经营业绩考核扣分项。加大对“关键少数”的宣传教育力度，将诚信合规意识作为资本市场培训的核心内容。

（十五）压实中介机构“看门人”责任。推广以上市公司和债券发行人质量为导向的中介机构执业质量评价机制。督促保荐机构、会计师事务所、资产评估机构、律师事务所等中介机构加强执业质量控制。强化对中介机构的监督检查，中介机构发现涉及证券发行人、上市公司财务造假的，及时向财政、证券监管部门通报。中介机构在发现造假行为时主动报告的，依法从轻或减轻处罚。健全中介机构及从业人员信用记录，督促有关机构及人员勤勉尽责。对存在重大违法违规行为的中介机构依法暂停或禁止从事证券服务业务，严格执行吊销执业许可、从业人员禁入等制度。

（十六）完善财务信息相关制度。完善资本市场会计、审计、评估监管规则，发布重点领域的应用案例或实施问答，加强对会计准则实施的指导。强化财会监督制度建设，推进电子凭证会计数据标准应用，提升企业财务会计规范化水平。完善信息披露豁免监管制度，严格豁免条件和程序，防范证券发行人、上市公司滥用豁免掩盖造假行为。

（十七）加强联合惩戒与社会监督。将财务造假、资金占用和配合造假等严重违法失信主体纳入金融领域严重失信主体名单，推送至全国信用信息共享平台，并将相关信息在“信用中国”网站和国家企业信用信息公示系统进行公示，依法依规实施联合惩戒，强化失信约束。完善财务造假等重大违法违规行为内部人士举报奖励机制，提高奖励金额，保护“吹哨人”合法权益。发布典型违规案例查处情况，加大警示宣传力度。

七、落实保障

（十八）加强组织实施。要切实把思想和行动统一到党中央、国务院决策部署上来，加强政策衔接、工作协同，强化监督问责，对管理或监管履职不力造成严重后果的，要严肃追责问责。充分发挥打击资本市场违法活动协调工作小组等机制在重大案件协调、重要规则制定、重大问题会商等方面的作用。

（十九）加强舆论引导。加强对资本市场财务造假综合惩防工作的宣传解读，注重主动引导，创新宣传方式，凝聚各方共识。及时总结推广经验做法，推动营造诚信经营和崇法守信的市场生态。

（二十）加强风险防控。加强重点领域风险排查，坚决清除风险隐患大的行业性、系统性、区域性财务造假。有效统筹打击财务造假与风险防范化解工作，维护资本市场稳定运行，助力经济社会高质量发展。

中国证监会新闻发言人就《关于进一步做好资本市场财务造假综合惩防工作的意见》答记者问

2024年7月5日，国务院办公厅转发中国证监会、公安部、财政部、中国人民银行、金融监管总局、国务院国资委《关于进一步做好资本市场财务造假综合惩防工作的意见》（以下简称《意见》）。中国证监会新闻发言人就《意见》回答了记者提问。

问：制定《意见》的主要考虑是什么？

答：财务造假毁坏资本市场诚信基础，严重侵害投资者合法权益。打击资本市场财务造假是证券监管执法一以贯之的重点。近年来，中国证监会持续改进监管执法工作，健全执法体制机制，一批重大典型案件得到及时惩处。2021—2023 年共办理上市公司信息披露违法案件 397 件，其中造假案件 203 件。2021 年以来向公安机关移送上市公司、债券发行人等主体涉财务造假、资金占用、违规担保等犯罪案件 150 余起。推动建立集体诉讼制度，其中，康美药业赔偿投资者 24. 59 亿元，紫晶存储和泽达易盛赔偿均超过 13 亿元。坚决实施重大违法强制退市，并对退市公司违法行为一追到底，为中小投资者向公司及责任主体索赔提供依据。从近年情况看，“白马股”因造假突然爆雷现象明显减少，市场生态持续好转。

随着执法力度的加大，打击和防范财务造假也面临一些新的形势和问题。例如，财务造假的隐蔽性、复杂性显著增加，加大了发现和查处难度。特别是近期查处的不少案件中，第三方配合造假问题显现并引发市场高度关注。同时，中国证监会现行监管执法体制机制已运行多年，不能完全适应新的变化。与市场各方的期待相比，惩治力度还不够大，综合效果还不够好。就整体而言，造假公司仍是少数，上市公司群体始终是我国企业的优秀代表。但财务造假对市场信心的影响很大，对投资者利益损害很重，亟须各部门、各地区多管齐下形成合力，重拳整肃、坚决遏制。同时，也要打防并举、标本兼治，深化公司治理，压实中介机构责任，增加基础制度供给，从源头防范造假发生。

问：《意见》的主要内容有哪些？

答：《意见》聚焦综合惩治资本市场财务造假，坚持系统观念，进一步加大打击力度，着力完善监管协同机制，构建综合惩防长效机制。

《意见》共20项内容，分三个部分：第一部分是总体要求，第二部分是主体内容，第三部分是落实保障。主体部分共提出5方面、17项具体举措。

一是坚决打击和遏制重点领域财务造假。包括严肃惩治欺诈发行股票债券、虚假信息披露、挪用募集资金和逃废债等行为，严厉打击系统性造假和第三方配合造假，加强对滥用会计政策实施造假的监管，强化对特定领域财务造假的打击力度。

二是优化证券监管执法体制机制。包括健全线索发现机制，发挥科技手段支撑作用，增强穿透监管能力。加快推进监管转型，完善重大案件调查处罚机制，提高查办质效。深化证券执法与司法机关在信息共享、案件办理、警示教育等方面的协作，提升大案要案查处效率。

三是加大全方位立体化追责力度。包括加快出台上市公司监管条例，强化行政追责威慑力。推动出台背信损害上市公司利益罪司法解释，加强对"关键少数"及构成犯罪配合造假方的刑事追责。完善民事追责支持机制，推动简化登记、诉讼、执行等程序，加强对投资者赔偿救济，提高综合违法成本。

四是加强部际协调和央地协同。包括国有资产出资人及有关企业主管部门加强监督管理，对相关企业实施财务造假及配合造假问题严肃追责并通报反馈。金融监管部门提升协同打击力度，督促金融机构加强对财务真实性的关注和审查，加大对函证业务合规性的监督检查力度。地方政府将财务真实性作为扶优限劣的重要依据，切实履行因财务造假问题引致风险的属地处置责任。

五是常态化长效化防治财务造假。包括增强公司治理内生约束，强化审计委员会反舞弊职责，发挥独立董事监督作用，推动公司内部建立追责机制。压实中介机构"看门人"责任，对存在重大违法违规行为的中介机构依法暂停或禁止从事证券服务业务，完善资本市场会计、审计相关规则，加强联合惩戒与社会监督。

问：中国证监会在强化立体化追责方面做了哪些工作？

答： 中国证监会高度重视提升财务造假违法违规成本和涉及的投资者保护工作，积极推动构建行政执法、民事追责、刑事打击“三位一体”的立体化追责体系。一是在立法层面上，推动修订证券法，对违规信息披露的公司和责任人的罚款上限由60万元、30万元大幅提升至1000万元、500万元，对欺诈发行的罚款上限由募集资金的5%提高到1倍；刑法修正案（十一）将违规披露信息的刑期上限由3年提高至10年；中介机构及从业人员出具虚假证明文件最高可判10年有期徒刑。二是在立体化追责上，行政处罚是立体化追责的一环，刑事追责和民事赔偿也是立体化追责的重要组成部分。刑事追责方面，2024年以来已依法将40余起财务造假、资金占用、违规担保等案件移送公安机关。民事追责方面，中国证监会指导投资者服务中心，积极支持投资者发起民事追偿诉讼，综合运用先行赔付、支持诉讼、代位诉讼等，强化投资者赔偿救济。目前正在对上市公司（包括部分退市公司）重大违法案件支持投资者向人民法院申请发起普通代表人诉讼10起，在审支持诉讼22起。

《意见》将加大全方位立体化追责力度作为重要内容。在现有工作基础上，进一步深化重大案件行刑衔接，突出对财务造假公司和“关键少数”的重点打击，重点做好“追首恶”，严厉惩处造假的策划者和组织者。强化对控股股东、实际控制人组织实施造假、侵占的刑事追责力度。完善民事追责支持机制，推动简化登记、诉讼、执行等程序，完善示范判决机制，加大特别代表人诉讼制度适用力度，便利投资者获得赔偿。

问：下一步，推进落实《意见》将开展哪些工作？

答：《意见》是构建综合惩防资本市场财务造假体系的重要制度安排。目前，中国证监会已经制订了贯彻落实《意见》的细化工作方案。下一步将积极会同国资监督管理机构、金融监管部门、有关企业主管部门、公安机关、地方政府等，进一步增强责任意识，密切协作形成合力，推动《意见》各项任务、要求落地见效。一是加大打击惩治力度。加强对重点领域涉财务造假风险问题的排查，从严惩处、一体打击财务造假、侵占、第三方配合造假，对违法违规问题依法严肃处理，并及时通报。二是优化工作机制。中国证监会将会同有关部门对相关领域防治财务造假情况进行会商，合力推动各项工作落实落地。相关部门也将强化内部监督，对于管理或监管履职不力的，严肃追责问责。三是加大宣传和指导力度。通过多种方式，加强对《意见》的宣传解读和舆论引导，积极回应市场关切。相关部门加大对所出资企业、主管或监管企业的指导力度，切实做好各项安排落实落地工作。

（来源：中国证监会网站）

司法解释、司法指导性文件与解读

最高人民法院

关于适用《中华人民共和国公司法》时间效力的若干规定

法释〔2024〕7号

（2024年6月27日最高人民法院审判委员会第1922次会议通过
2024年6月29日最高人民法院公告公布
自2024年7月1日起施行）

为正确适用2023年12月29日第十四届全国人民代表大会常务委员会第七次会议第二次修订的《中华人民共和国公司法》，根据《中华人民共和国立法法》《中华人民共和国民法典》等法律规定，就人民法院在审理与公司有关的民事纠纷案件中，涉及公司法时间效力的有关问题作出如下规定。

第一条 公司法施行后的法律事实引起的民事纠纷案件，适用公司法的规定。

公司法施行前的法律事实引起的民事纠纷案件，当时的法律、司法解释有规定的，适用当时的法律、司法解释的规定，但是适用公司法更有利于实现其立法目的，适用公司法的规定：

（一）公司法施行前，公司的股东会召集程序不当，未被通知参加会议的股东自决议作出之日起一年内请求人民法院撤销的，适用公司法第二十六条第二款的规定；

（二）公司法施行前的股东会决议、董事会决议被人民法院依法确认不成立，对公司根据该决议与善意相对人形成的法律关系效力发生争议的，适用公司法第二十八条第二款的规定；

（三）公司法施行前，股东以债权出资，因出资方式发生争议的，适用公司法第四十八条第一款的规定；

（四）公司法施行前，有限责任公司股东向股东以外的人转让股权，因股权转让发生争议的，适用公司法第八十四条第二款的规定；

（五）公司法施行前，公司违反法律规定向股东分配利润、减少注册资本造成公司损失，因损害赔偿责任发生争议的，分别适用公司法第二百一十一条、第二百二十六条的规定；

（六）公司法施行前作出利润分配决议，因利润分配时限发生争议的，适用公司法第二百一十二条的规定；

（七）公司法施行前，公司减少注册资本，股东对相应减少出资额或者股份数量发生争议的，适用公司法第二百二十四条第三款的规定。

第二条　公司法施行前与公司有关的民事法律行为，依据当时的法律、司法解释认定无效而依据公司法认定有效，因民事法律行为效力发生争议的下列情形，适用公司法的规定：

（一）约定公司对所投资企业债务承担连带责任，对该约定效力发生争议的，适用公司法第十四条第二款的规定；

（二）公司作出使用资本公积金弥补亏损的公司决议，对该决议效力发生争议的，适用公司法第二百一十四条的规定；

（三）公司与其持股百分之九十以上的公司合并，对合并决议效力发生争议的，适用公司法第二百一十九条的规定。

第三条　公司法施行前订立的与公司有关的合同，合同的履行持续至公司法施行后，因公司法施行前的履行行为发生争议的，适用当时的法律、司法解释的规定；因公司法施行后的履行行为发生争议的下列情形，适用公司法的规定：

（一）代持上市公司股票合同，适用公司法第一百四十条第二款的规定；

（二）上市公司控股子公司取得该上市公司股份合同，适用公司法第一百四十一条的规定；

（三）股份有限公司为他人取得本公司或者母公司的股份提供赠与、借款、担保以及其他财务资助合同，适用公司法第一百六十三条的规定。

第四条　公司法施行前的法律事实引起的民事纠纷案件，当时的法律、司法解释没有规定而公司法作出规定的下列情形，适用公司法的规定：

（一）股东转让未届出资期限的股权，受让人未按期足额缴纳出资的，关于转让人、受让人出资责任的认定，适用公司法第八十八条第一款的规定；

（二）有限责任公司的控股股东滥用股东权利，严重损害公司或者其他股东利益，其他股东请求公司按照合理价格收购其股权的，适用公司法第八十九条第三款、第四款的规定；

（三）对股份有限公司股东会决议投反对票的股东请求公司按照合理价格收购其股份的，适用公司法第一百六十一条的规定；

（四）不担任公司董事的控股股东、实际控制人执行公司事务的民事责任认定，适用公司法第一百八十条的规定；

（五）公司的控股股东、实际控制人指示董事、高级管理人员从事活动损害公司或者股东利益的民事责任认定，适用公司法第一百九十二条的规定；

（六）不明显背离相关当事人合理预期的其他情形。

第五条 公司法施行前的法律事实引起的民事纠纷案件，当时的法律、司法解释已有原则性规定，公司法作出具体规定的下列情形，适用公司法的规定：

（一）股份有限公司章程对股份转让作了限制规定，因该规定发生争议的，适用公司法第一百五十七条的规定；

（二）对公司监事实施挪用公司资金等禁止性行为、违法关联交易、不当谋取公司商业机会、经营限制的同类业务的赔偿责任认定，分别适用公司法第一百八十一条、第一百八十二条第一款、第一百八十三条、第一百八十四条的规定；

（三）对公司董事、高级管理人员不当谋取公司商业机会、经营限制的同类业务的赔偿责任认定，分别适用公司法第一百八十三条、第一百八十四条的规定；

（四）对关联关系主体范围以及关联交易性质的认定，适用公司法第一百八十二条、第二百六十五条第四项的规定。

第六条 应当进行清算的法律事实发生在公司法施行前，因清算责任发生争议的，适用当时的法律、司法解释的规定。

应当清算的法律事实发生在公司法施行前，但至公司法施行日未满十五日的，适用公司法第二百三十二条的规定，清算义务人履行清算义务的期限自公司法施行日重新起算。

第七条 公司法施行前已经终审的民事纠纷案件，当事人申请再审或者人民法院按照审判监督程序决定再审的，适用当时的法律、司法解释的规定。

第八条 本规定自 2024 年 7 月 1 日起施行。

解读《最高人民法院关于适用〈中华人民共和国公司法〉时间效力的若干规定》

王毓莹*

自 2024 年 7 月 1 日起，2023 年修订的公司法（以下简称新法，2018 年修正的公司法以下简称旧法）开始施行。为解决新法实施后新法和旧法的衔接适用问题，最高人民法院于 2024 年 6 月 29 日发布《最高人民法院关于适用〈中华人民共和国公司法〉时间效力的若干规定》（以下简称《公司法时间效力规定》），《公司法时间效力规定》将与新法同步施行。《公司法时间效力规定》共计 8 个条文，主要内容包括公司法时间效力的一般规定及有利溯及规则、民事法律行为效力的有利溯及规则、合同履行的有利溯及规则、新增规定的空白溯及规则、细化规定的溯及适用规则、清算责任的法律适用、既判力优于溯及力规则以及生效时间。以下，笔者结合自身对公司法的研究与相关案件的裁判经验，对《公司法时间效力规定》进行逐条解读，以求教于方家。

一、第一条（时间效力的一般规定及有利溯及规则）解读

本条旨在说明新法原则上没有溯及既往的效力，但是基于立法目的考量，明确列举了七种有利溯及情形。关于何为有利溯及，一般的理解是新法溯及适用应当对各方当事人均更加有利，或者至少是对一方更加有利的同时，不减损另一方在原法秩序下的应有权益，不破坏另一方在原法秩序下的合理预期。但是在两造对立的公司纠纷裁判中，当事人之

* 中国政法大学教授。

间普遍存在利益冲突，事后很难简单地判定适用新法是否就是有利溯及，因此需要有足够的司法智慧进行综合判断，是否减损应有权益、破坏合理预期，要辩证地而不是机械地看待问题，要结合新法和旧法的共同立法目的、价值取向、基本原则、公序良俗等因素综合考虑，而不能仅囿于某一具体条款文义简单判断。基于此，本条使用了“适用公司法更有利于实现其立法目的”的表述，可见基于立法目的的综合判断，是有利溯及的一个基本考量判断指标，可以简单理解为有利溯及不仅要对当事人更有利，还要符合立法目的。

例如，本条第二款第一项规定：“公司法施行前，公司的股东会召集程序不当，未被通知参加会议的股东自决议作出之日起一年内请求人民法院撤销的，适用公司法第二十六条第二款的规定。”关于公司决议可撤销，旧法统一规定了60日的客观除斥期间。实践中存在大量的“抽屉决议”，即公司不通知部分股东参会径直作出决议，未被通知参会的股东待知道存在该决议时60日的客观除斥期间已经经过，导致其权利无法得到救济。新法针对未被通知参加股东会这一情形专门规定了60日的主观除斥期间和1年的客观除斥期间，兼顾了股东权利救济和公司决议的安定性需求，填补了旧法的漏洞，体现了新法在股东权利救济与决议稳定性之间寻求平衡的立法目的，所以适用新法是有利溯及。

又如，本条第二款第二项规定：“公司法施行前的股东会决议、董事会决议被人民法院依法确认不成立，对公司根据该决议与善意相对人形成的法律关系效力发生争议的，适用公司法第二十八条第二款的规定。”该项是关于瑕疵决议外部效力的规定。此前《最高人民法院关于适用〈中华人民共和国公司法〉若干问题的规定（四）》［以下简称《公司法解释（四）》］及民法典对无效决议、可撤销决议的外部效力作出了明确规定，独留决议不成立此一瑕疵情形的外部效力未作规定。基于法律的一体适用考量，各类瑕疵决议应当适用同样的外部效力规则，所以新法统一作出了明确规定，体现了追求法律平等适用的立法目的，且对于外部第三人而言是有利的。

再如，本条第二款第三项规定："公司法施行前，股东以债权出资，因出资方式发生争议的，适用公司法第四十八条第一款的规定。"尽管旧法未明确允许债权出资，但是包括旧法在内的各项法律、行政法规也未禁止债权出资。此前的市场主体登记管理条例实施细则第十三条也规定"依法以境内公司股权或者债权出资的，应当权属清楚、权能完整，依法可以评估、转让，符合公司章程规定"。最为关键的是，商事实践中债转股等操作模式十分普遍，债权出资的市场合理预期早已有之，适用新法规定不仅扩充了出资形式，有利于投资创业，也未破坏市场预期。

限于篇幅，后面四项内容不再列举解释。

二、第二条（民事法律行为效力的有利溯及规则）解读

法律行为无效缓和主义是当今民商事立法、司法裁判的基本态度，即尽量让行为有效而非无效，法律如需介入可在履行环节介入而不直接在效力环节作无效规定、判定，以免损害私法自治。比如，侵犯股东优先购买权的股权转让合同，以前很多法院是作无效认定，后来《公司法解释（四）》规定的是合同有效，但是其他股东可以以主张优先购买权的方式阻断履行；又如，针对与目标公司对赌合同的争议，此前的"对赌协议第一案"形成的是"与目标公司对赌无效规则"，而《全国法院民商事审判工作会议纪要》第5条则是原则上承认此类合同的有效性，把效力判定路径改为履行判定路径。基于这一立法、司法裁判的态度、趋向，对同一类行为，旧法规定无效而新法规定有效的，适用新法是一种契合立法目的、私法自治精神的有利溯及，本条所列三种情形是有利溯及规则的体现。

三、第三条（合同履行的有利溯及规则）解读

此前很长的历史时期内，由于旧法未作相关规定，对能否代持上市公司股票、上市公司能否交叉持股以及股份公司可否进行财务资助这三项事宜在实践中争议很大。例如，2017 年最高人民法院审理的“伟某某策股权代持案”中，最高人民法院认定代持上市的保险公司股票协议无效，引发强烈反响。经过多年的裁判经验探索，人们逐渐认识到前述三类情形原则上应当被禁止，否则会波及社会公共利益，因此新法作了禁止性规定。但是基于有利溯及规则，对于新法施行前已经履行完毕的合同，仍适用旧法。对于尚未履行的部分，尽管不再认定合同无效，但是依据新法应阻断其履行。

四、第四条（新增规定的空白溯及规则）解读

仅从形式上看，立法的新增规定意味着旧法中完全没有相关规定（包括原则性规定），既然如此，当事人似乎也无相关预期，直接适用新法似乎并不违反当事人预期。不过对于此类空白溯及，要更侧重于考量新法溯及适用是否与旧法无规定情况下填补法律漏洞具有同样的正当性，或同样没有减损民事主体预期利益。简而言之，新法能否空白溯及，要以法律漏洞填补作为参照系，若新法有效地填补了旧法的漏洞，且不明显背离当事人合理预期，则适用新法。例如，本条第一项规定：“股东转让未届出资期限的股权，受让人未按期足额缴纳出资的，关于转让人、受让人出资责任的认定，适用公司法第八十八条第一款的规定。”该项针对的是未届出资期限股权转让出资责任承担问题，旧法未作相关规定，在注册资本全面认缴制实施后该问题引发了很大争议，司法裁判也不统一，新法对此规定由受让人承担出资责任、转让人承担补充责任，该规则既兼顾了各方利益，又具备可操作性，是立法过程中各方观点的最优选，有效填补了旧法的立法漏洞，且不违背当事人合理预

期，因此应当适用新法规定。又如，本条第三项规定："对股份有限公司股东会决议投反对票的股东请求公司按照合理价格收购其股份的，适用公司法第一百六十一条的规定。"针对异议股东回购请求权，旧法只在有限责任公司层面作了规定，但是，股东人数较少的股份公司内部治理生态与有限责任公司别无二致，所以新法针对股份公司新增了异议股东回购请求权，填补了旧法的立法漏洞，且对于股份公司股东尤其是小股东而言是利好规定。因此，应当溯及适用。

五、第五条（细化规定的溯及适用规则）解读

本条明确列举的情形，有一个共同的特点，即新法并未在内容上改变旧法的原则性规定，主要是在操作层面作出更加具体细化的规定。比如，本条第一项规定："股份有限公司章程对股份转让作了限制规定，因该规定发生争议的，适用公司法第一百五十七条的规定。"相较而言，新法增加的内容为公司章程对股权转让作出限制时应当遵循公司章程之规定。旧法并未禁止公司章程另有规定，但也并未明确公司章程可以另有规定，因而，新法实际是细化了旧法的规定，并未破坏当事人的预期，也符合有利溯及规则。又如，本条第二项规定："对公司监事实施挪用公司资金等禁止性行为、违法关联交易、不当谋取公司商业机会、经营限制的同类业务的赔偿责任认定，分别适用公司法第一百八十一条、第一百八十二条第一款、第一百八十三条、第一百八十四条的规定。"新法相对于旧法并未改变、增加相关主体的法律责任，只是对责任认定的具体思路、方法作出更为具体的规定，适用新法不会背离当事人的合理预期，符合有利溯及规则。

六、第六条（清算责任的法律适用）解读

旧法规定，清算事由出现后 15 日内应当成立清算组进行清算。在新法实施之前，清算义务已经产生，清算责任已经归位，如适用新法将

使原应承担责任的主体（有限责任公司股东）不承担责任，而原不应承担责任的人（有限责任公司董事）替代其承担责任，实属打破合理预期，加重董事责任，违背有利溯及规则。但是应当清算的事实发生在新法实施前，而至新法实施未满15日的，一般而言清算组已经了解新法的相关规定，理应不按照旧法规定实施清算，所以适用新法符合当事人的合理预期。不过值得注意的是，“法不溯及既往”仍然是一般原则性规定，因此，对于清算责任问题，如应当进行清算的法律事实发生在新法施行前，则仍应适用当时的法律、司法解释的规定。

七、第七条（既判力优于溯及力规则）解读

既判力优于溯及力规则是法律适用的普遍性规则，是贯彻两审终审制的具体体现。该规则旨在维护生效裁判的稳定性。已经终审的民事纠纷案件，取得了既判力，产生不仅及于当事人还及于法院和其他机构的拘束力，为维护裁判的稳定性和权威性，防止对同一案件进行反复审理甚至是作出相互矛盾的判决，应当遵循既判力优于溯及力规则。因此，作为一项普遍性规则，第七条重申既判力优于溯及力规则。

第八条系实施时间规定，无特别之处，本文不再作解读。

法律的生命在于实施，《公司法时间效力规定》的施行无论是对于司法机关适用法律还是法律主体对自身法律行为作出预期都提供了可靠依据，可以有效统一裁判尺度和增强司法的可预期性。

最高人民法院

关于审理垄断民事纠纷案件适用法律若干问题的解释

法释〔2024〕6 号

（2024 年 2 月 4 日最高人民法院审判委员会第 1915 次会议通过
2024 年 6 月 24 日最高人民法院公告公布
自 2024 年 7 月 1 日起施行）

为维护市场公平竞争秩序，依法公正高效审理垄断民事纠纷案件，根据《中华人民共和国民法典》、《中华人民共和国反垄断法》、《中华人民共和国民事诉讼法》等有关法律规定，制定本解释。

一、程序规定

第一条 本解释所称垄断民事纠纷案件，是指自然人、法人或者非法人组织因垄断行为受到损失以及因合同内容或者经营者团体的章程、决议、决定等违反反垄断法而发生争议，依据反垄断法向人民法院提起民事诉讼的案件。

本解释所称经营者团体，包括行业协会等由两个以上经营者为了实现共同目的而组成的结合体或者联合体。

第二条 原告依据反垄断法直接向人民法院提起民事诉讼，或者在反垄断执法机构认定构成垄断行为的处理决定作出后向人民法院提起民事诉讼，且符合法律规定的受理条件的，人民法院应予受理。

原告起诉仅请求人民法院确认被告的特定行为构成垄断，而不请求被告承担民事责任的，人民法院不予受理。

第三条 一方当事人向人民法院提起垄断民事诉讼，另一方当事人以双方之间存在合同关系且有仲裁协议为由，主张人民法院不应受理的，人民法院不予支持。

第四条 第一审垄断民事纠纷案件，由知识产权法院和最高人民法院指定的中级人民法院管辖。

第五条 垄断民事纠纷案件的地域管辖，根据案件具体情况，依照民事诉讼法及相关司法解释有关侵权纠纷、合同纠纷等的管辖规定确定。

第六条 原告依据反垄断法对在中华人民共和国境内没有住所的被告提起民事诉讼，主张被告在中华人民共和国境外的垄断行为对境内市场竞争产生排除、限制影响的，根据民事诉讼法第二百七十六条的规定确定管辖法院。

第七条 案件立案时的案由并非垄断民事纠纷，人民法院受理后经审查发现属于垄断民事纠纷，但受诉人民法院并无垄断民事纠纷案件管辖权的，应当将案件移送有管辖权的人民法院。

第八条 两个以上原告因同一垄断行为向有管辖权的同一人民法院分别提起诉讼的，人民法院可以合并审理。

两个以上原告因同一垄断行为向有管辖权的不同人民法院分别提起诉讼的，后立案的人民法院发现其他有管辖权的人民法院已先立案的，应当裁定将案件移送先立案的人民法院；受移送的人民法院可以合并审理。

人民法院可以要求当事人提供与被诉垄断行为相关的行政执法、仲裁、诉讼等情况。当事人拒不如实提供的，可以作为认定其是否遵循诚信原则和构成滥用权利等的考量因素。

第九条 原告无正当理由而根据影响地域、持续时间、实施场合、损害范围等因素对被告的同一垄断行为予以拆分，分别提起数个诉讼的，由最先受理诉讼的人民法院合并审理。

第十条 反垄断执法机构认定构成垄断行为的处理决定在法定期限内未被提起行政诉讼或者已为人民法院生效裁判所确认，原告在相关垄断民事纠纷案件中据此主张该处理决定认定的基本事实为真实的，无需再行举证证明，但有相反证据足以推翻的除外。

必要时，人民法院可以要求作出处理决定的反垄断执法机构对该处理决定的有关情况予以说明。反垄断执法机构提供的信息、材料等尚未公开的，人民法院应当依职权或者依申请采取合理保护措施。

第十一条 当事人可以向人民法院申请一至二名具有案件所涉领域、经济学等专门知识的人员出庭，就案件的专门性问题进行说明。

当事人可以向人民法院申请委托专业机构或者专业人员就案件的专门性问题提出市场调查或者经济分析意见。该专业机构或者专业人员可以由双方当事人协商确定；协商不成的，由人民法院指定。人民法院可以参照民事诉讼法及相关司法解释有关鉴定意见的规定，对该专业机构或者专业人员提出的市场调查或者经济分析意见进行审查判断。

一方当事人就案件的专门性问题自行委托有关专业机构或者专业人员提出市场调查或者经济分析意见，该意见缺乏可靠的事实、数据或者其他必要基础资料佐证，或者缺乏可靠的分析方法，或者另一方当事人提出证据或者理由足以反驳的，人民法院不予采信。

第十二条 经营者实施垄断行为损害社会公共利益，设区的市级以上人民检察院依法提起民事公益诉讼的，适用与公益诉讼有关的法律和司法解释的规定，但本解释另有规定的除外。

第十三条 反垄断执法机构对被诉垄断行为已经立案调查的，人民法院可以根据案件具体情况，裁定中止诉讼。

二、相关市场界定

第十四条 原告主张被诉垄断行为违反反垄断法的，一般应当界定反垄断法第十五条第二款所称的相关市场并提供证据或者充分说明理由。

原告以被告在相关市场的市场份额为由主张其具有市场支配地位或者显著的市场力量的，应当界定相关市场并提供证据或者充分说明理由。

原告提供证据足以直接证明下列情形之一的，可以不再对相关市场界定进一步承担举证责任：

（一）被诉垄断协议的经营者具有显著的市场力量；

（二）被诉滥用市场支配地位的经营者具有市场支配地位；

（三）被诉垄断行为具有排除、限制竞争效果。

原告主张被诉垄断行为属于反垄断法第十七条第一项至第五项和第十八条第一款第一项、第二项规定情形的，可以不对相关市场界定提供证据。

第十五条 人民法院界定经营者在一定时期内就特定商品或者服务（以下统称商品）进行竞争的相关商品市场和相关地域市场，可以根据案件具体情况，以被诉垄断行为直接涉及的特定商品为基础，从需求者角度进行需求替代分析；供给替代对经营者行为产生的竞争约束类似于需求替代的，还可以从供给者角度进行供给替代分析。

人民法院进行需求替代或者供给替代分析时，可以采用假定垄断者测试的分析方法，一般选择使用价格上涨的假定垄断者测试方法；经营者之间的竞争主要表现为质量、多样性、创新等非价格竞争的，可以选择质量下降、成本上升等假定垄断者测试方法。

第十六条 人民法院从需求替代的角度分析界定相关商品市场时，

一般根据需求者对于商品特性、功能和用途的需求、质量的认可、价格的接受以及获取的难易程度等因素，确定由需求者认为具有较为紧密替代关系的一组或者一类商品所构成的市场为相关商品市场。从供给替代的角度分析界定相关商品市场时，可以综合考虑其他经营者进入市场的意图和能力、承担的成本与风险、克服的市场障碍、需要的时间等因素。

分析界定互联网平台（以下称平台）所涉相关商品市场时，结合被诉垄断行为的特点、产生或者可能产生排除、限制竞争效果的具体情况、平台的类型等因素，一般可以根据该平台与被诉垄断行为最相关一边的商品界定相关商品市场，也可以根据被诉垄断行为所涉及的多边商品分别界定多个相关商品市场，必要时也可以根据特定平台整体界定相关商品市场。特定平台存在跨边网络效应，并给该平台经营者施加了足够的竞争约束的，可以根据该平台整体界定相关商品市场，也可以根据跨边网络效应所涉及的多边商品分别界定多个相关商品市场，并考虑各个相关商品市场之间的相互关系和影响。

第十七条　人民法院从需求替代的角度分析界定相关地域市场时，可以综合考虑需求者因商品价格或者其他竞争因素的变化而转向其他地域购买商品的情况、商品的运输成本和运输特征、多数需求者选择商品的实际区域和主要经营者的商品销售分布、地域间的市场障碍、特定区域需求者偏好等因素。从供给替代的角度分析界定相关地域市场时，可以综合考虑其他地域的经营者对商品价格等竞争因素的变化作出的反应、其他地域的经营者供应或者销售相关商品的及时性和可行性等因素。

分析界定平台所涉相关地域市场，可以重点考虑多数需求者选择商品的实际区域、需求者的语言偏好和消费习惯、相关法律法规的要求、其他地域竞争者的现状及其进入相关地域市场的及时性等因素。

三、垄断协议

第十八条 人民法院认定反垄断法第十六条规定的其他协同行为，应当综合考虑下列因素：

（一）经营者的市场行为是否具有一致性；

（二）经营者之间是否进行过意思联络、信息交流或者传递；

（三）相关市场的市场结构、竞争状况、市场变化等情况；

（四）经营者能否对行为一致性作出合理解释。

原告提供前款第一项和第二项的初步证据，或者第一项和第三项的初步证据，能够证明经营者存在协同行为的可能性较大的，被告应当提供证据或者进行充分说明，对其行为一致性作出合理解释；不能作出合理解释的，人民法院可以认定协同行为成立。

本条所称合理解释，包括经营者系基于市场和竞争状况变化等而独立实施相关行为。

第十九条 反垄断法第十七条规定的具有竞争关系的经营者，是指在商品生产经营过程中处于同一阶段、提供具有较为紧密替代关系的商品、独立经营决策并承担法律责任的两个以上的实际经营者或者可能进入同一相关市场进行竞争的潜在经营者。

特定经营者取得对其他经营者的控制权或者能够对其他经营者施加决定性影响，或者两个以上经营者被同一第三方控制或者施加决定性影响，应当视为一个经济实体的，不构成前款所称具有竞争关系的经营者。

第二十条 原告有证据证明仿制药申请人与被仿制药专利权利人达成、实施的协议同时具备下列条件，主张该协议构成反垄断法第十七条规定的垄断协议的，人民法院可予支持：

（一）被仿制药专利权利人给予或者承诺给予仿制药申请人明显不合理的金钱或者其他形式的利益补偿；

（二）仿制药申请人承诺不质疑被仿制药专利权的有效性或者延迟进入被仿制药相关市场。

被告有证据证明前款所称的利益补偿仅系为弥补被仿制药专利相关纠纷解决成本或者具有其他正当理由，或者该协议符合反垄断法第二十条规定，主张其不构成反垄断法第十七条规定的垄断协议的，人民法院应予支持。

第二十一条 被诉垄断行为属于反垄断法第十八条第一款第一项、第二项规定的垄断协议的，应当由被告对该协议不具有排除、限制竞争效果承担举证责任。

第二十二条 人民法院依照反垄断法第十八条第一款和第二款的规定审查认定被诉垄断协议是否具有排除、限制竞争效果时，可以综合考虑下列因素：

（一）被告在相关市场的市场力量和协议对相关市场类似不利竞争效果的累积作用；

（二）协议是否具有提高市场进入壁垒、阻碍更有效率的经营者或者经营模式、限制品牌间或者品牌内竞争等不利竞争效果；

（三）协议是否具有防止搭便车、促进品牌间竞争、维护品牌形象、提升售前或者售后服务水平、促进创新等有利竞争效果，且为实现该效果所必需；

（四）其他可以考虑的因素。

在案证据足以证明的有利竞争效果明显超过不利竞争效果的，人民法院应当认定协议不具有排除、限制竞争效果。

第二十三条 被诉垄断协议具有下列情形之一，原告依据反垄断法第十八条第一款的规定主张被告应当承担法律责任的，人民法院不予支持：

（一）协议属于经营者与相对人之间的代理协议，且代理商不承担任何实质性商业或者经营风险；

（二）被告在相关市场的市场份额低于国务院反垄断执法机构规定的标准并符合国务院反垄断执法机构规定的其他条件。

第二十四条 经营者利用数据、算法、技术等手段进行意思联络、信息交流或者传递，或者利用数据、算法、技术、平台规则等手段实现行为一致性，达成、实施被诉垄断协议的，人民法院可以依照反垄断法第十七条的规定审查认定。

经营者利用数据、算法、技术、平台规则等手段实现限定或者自动化设定转售商品价格等，达成、实施被诉垄断协议的，人民法院可以依照反垄断法第十八条的规定审查认定。

第二十五条 平台经营者与平台内经营者的协议要求平台内经营者在该平台上提供与其他交易渠道相同或者更优惠交易条件的，根据原告的诉讼请求和具体案情，人民法院可以区别下列情形作出处理：

（一）平台经营者与平台内经营者之间具有竞争关系的，依照反垄断法第十七条的规定审查认定；

（二）平台经营者与平台内经营者之间不具有竞争关系的，依照反垄断法第十八条或者第十九条的规定审查认定；

（三）原告主张平台经营者滥用市场支配地位的，依照反垄断法第二十二条、电子商务法第二十二条的规定审查认定；

（四）原告主张平台经营者违反电子商务法第三十五条的规定的，依照该条规定处理。

第二十六条 经营者、经营者团体等组织其他经营者达成、实施垄断协议，给原告造成损失，原告依据民法典第一千一百六十八条的规定主张实施组织行为的经营者、经营者团体等与达成、实施垄断协议的其他经营者承担连带责任的，人民法院应当予以支持。

经营者、经营者团体等为其他经营者达成、实施垄断协议提供实质性帮助，给原告造成损失，原告依据民法典第一千一百六十九条第一款的规定主张提供帮助行为的经营者、经营者团体等与达成、实施垄断协议的其他经营者承担连带责任的，人民法院应当予以支持。但是，经营者、经营者团体等能够证明其不知道且不应当知道其他经营者达成、实施有关协议的除外。

前款所称实质性帮助，是指对垄断协议达成或者实施具有直接、重要促进作用的引导产生违法意图、提供便利条件、充当信息渠道、帮助实施惩罚等行为。

第二十七条 被告依据反垄断法第二十条第一款第一项至第五项的规定提出抗辩的，应当提供证据证明如下事实：

（一）被诉垄断协议能够实现相关目的或者效果；

（二）被诉垄断协议为实现相关目的或者效果所必需；

（三）被诉垄断协议不会严重限制相关市场的竞争；

（四）消费者能够分享由此产生的利益。

四、滥用市场支配地位

第二十八条 原告主张被诉垄断行为属于反垄断法第二十二条第一款规定的滥用市场支配地位的，应当对被告在相关市场内具有支配地位和被告滥用市场支配地位承担举证责任。被告以其行为具有正当性为由抗辩的，应当承担举证责任。

第二十九条 原告有证据证明经营者具有下列情形之一的，人民法院可以根据具体案件中相关市场的结构和实际竞争状况，结合相关市场经济规律等经济学知识，初步认定经营者在相关市场具有支配地位，但有相反证据足以反驳的除外：

（一）经营者在较长时间内维持明显高于市场竞争水平的价格，或者在较长时间内商品质量明显下降却未见大量用户流失，且相关市场明显缺乏竞争、创新和新进入者；

（二）经营者在较长时间内维持明显超过其他经营者的较高市场份额，且相关市场明显缺乏竞争、创新和新进入者。

被告对外发布的信息可以作为原告证明被告具有市场支配地位的初步证据，但有相反证据足以反驳的除外。

第三十条 反垄断法第二十三条和第二十四条所称的“经营者在相关市场的市场份额”，可以根据被诉垄断行为发生时经营者一定时期内的相关商品交易金额、交易数量、生产能力或者其他指标在相关市场所占的比例确定。

人民法院认定平台经营者在相关市场的市场份额时，可以采用能够反映相关市场实际竞争状况的交易金额、活跃用户数量、企业用户数量、用户使用时长、访问量、点击量、数据资产数量或者其他指标作为计算基准。

第三十一条 原告主张公用企业或者其他依法具有独占地位的经营者滥用市场支配地位的，人民法院可以根据市场结构和竞争状况的具体情况，认定被告在相关市场具有支配地位，但有相反证据足以反驳的除外。

第三十二条 人民法院依照反垄断法第二十三条的规定认定平台经营者的市场支配地位，可以重点考虑下列因素：

（一）平台的商业模式及平台经营者实际受到的竞争约束；

（二）平台经营者在相关市场的市场份额及该市场份额的持续时间；

（三）平台经营是否存在显著的网络效应、规模效应、范围效应等；

（四）平台经营者掌握的相关数据、算法、技术等情况；

（五）平台经营者对相邻市场的影响；

（六）用户或者平台内经营者对平台经营者的依赖程度及制衡能力、锁定效应、使用习惯、同时使用多个平台的情况、转向其他平台经营者的成本等；

（七）其他经营者进入相关市场的意愿、能力及所面临的规模要求、技术要求、政策法律限制等市场进入障碍；

（八）相关市场的创新和技术变化情况；

（九）其他需要考虑的与平台经营相关的因素。

第三十三条 人民法院依照反垄断法第二十三条的规定认定被诉滥用知识产权的经营者的市场支配地位，可以重点考虑下列因素：

（一）相关市场内特定知识产权客体的可替代性、替代性客体的数量及转向替代性客体的成本；

（二）利用该特定知识产权所提供的商品的可替代性及该商品的市场份额；

（三）交易相对人对拥有该特定知识产权的经营者的制衡能力；

（四）相关市场的创新和技术变化情况；

（五）其他需要考虑的与知识产权行使相关的因素。

经营者主张不能仅根据其拥有知识产权而推定具有市场支配地位的，人民法院应予支持。

第三十四条 依据反垄断法第二十四条第一款第二项、第三项被推定共同具有市场支配地位的经营者，有证据证明具有下列情形之一，反驳上述推定的，人民法院应予支持：

（一）该两个以上经营者之间不具有行为一致性且存在实质性竞争；

（二）该两个以上经营者作为整体在相关市场受到来自其他经营者的有效竞争约束。

第三十五条 经营者同时具备下列条件的，人民法院可以认定其构成反垄断法第二十二条规定的滥用市场支配地位行为：

（一）在相关市场具有支配地位；

（二）实施了被诉垄断行为；

（三）被诉垄断行为具有排除、限制竞争效果；

（四）实施被诉垄断行为缺乏正当理由。

第三十六条 人民法院认定反垄断法第二十二条第一款第一项规定的经营者"以不公平的高价销售商品或者以不公平的低价购买商品"，可以综合考虑下列因素：

（一）该商品的收益率是否明显偏离竞争性市场中的合理收益率；

（二）该商品的价格是否明显偏离其成本与竞争条件下的合理利润之和；

（三）经营者向交易相对人销售或者购买商品的价格是否明显高于或者低于该经营者在上下游市场中销售或者购买相同商品或者可比商品的价格；

（四）经营者向交易相对人销售或者购买商品的价格是否明显高于或者低于其他经营者在相同或者相似条件下销售或者购买相同商品或者可比商品的价格；

（五）经营者向交易相对人销售或者购买商品的价格是否明显高于或者低于该经营者在相同或者相似条件下在其他地域市场销售或者购买相同商品或者可比商品的价格；

（六）经营者向交易相对人销售商品的价格增长幅度是否明显高于该经营者成本增长幅度，或者购买商品的价格降低幅度明显高于交易相对人成本降低幅度；

（七）该高价或者低价的持续时间；

（八）其他可以考虑的因素。

认定前款第四项、第五项所称相同或者相似条件，可以考虑经营模式、交易渠道、供求状况、监管环境、交易环节、成本结构、交易情况、平台类型等因素。

第三十七条 具有市场支配地位的经营者，具有下列情形之一的，人民法院可以初步认定其构成反垄断法第二十二条第一款第二项规定的"以低于成本的价格销售商品"：

（一）经营者在较长时间内持续以低于平均可变成本或者平均可避

免成本的价格销售商品；

（二）经营者在较长时间内持续以高于平均可变成本或者平均可避免成本，但低于平均总成本的价格销售商品，且有其他证据证明其具有排除、限制同等效率的其他经营者在相关市场开展有效竞争的明确意图。

依照前款规定认定平台经营者以低于成本的价格销售商品，还应当考虑该平台涉及的多边市场中各相关市场之间的成本关联情况及其合理性。

具有下列情形之一的，人民法院可以认定构成反垄断法第二十二条第一款第二项规定的正当理由：

（一）低价处理鲜活商品、季节性商品、淘汰商品、即将超过有效期限的商品或者积压商品等；

（二）因清偿债务、转产、歇业等低价销售商品；

（三）为推广新商品、发展新业务、吸引新用户在合理期限内低价促销；

（四）能够证明行为具有正当性的其他理由。

第三十八条 具有市场支配地位的经营者，同时具备下列条件的，人民法院可以初步认定其构成反垄断法第二十二条第一款第三项规定的“拒绝与交易相对人进行交易”：

（一）经营者直接拒绝与交易相对人交易，提出交易相对人明显难以接受的交易条件，或者不合理地拖延交易，致使未能达成交易；

（二）经营者与交易相对人进行交易在经济、技术、法律和安全上具有可行性；

（三）拒绝交易行为排除、限制上游市场或者下游市场的竞争。

具有市场支配地位的经营者没有正当理由，拒绝将其商品、平台或者软件系统等与其他经营者提供的特定商品、平台或者软件系统等相兼容，拒绝开放其技术、数据、平台接口，或者拒绝许可其知识产权的，人民法院依照反垄断法第二十二条第一款第三项的规定予以认定时，可以综合考虑下列因素：

（一）该经营者实施兼容、开放或者许可在经济、技术、法律和安全上的可行性；

（二）该商品、平台或者软件系统、技术、数据、知识产权等的可替代性及重建成本；

（三）其他经营者在上游市场或者下游市场开展有效竞争对该经营者商品、平台或者软件系统、技术、数据、知识产权等的依赖程度；

（四）拒绝兼容、开放或者许可对创新以及推出新商品的影响；

（五）实施兼容、开放或者许可对该经营者自身经营活动和合法权益的影响；

（六）拒绝兼容、开放或者许可是否实质性地排除、限制相关市场的有效竞争；

（七）其他可以考虑的因素。

具有下列情形之一的，人民法院可以认定构成反垄断法第二十二条第一款第三项规定的正当理由：

（一）因不可抗力、情势变更等客观原因无法进行交易或者导致交易条件、结果明显不公平；

（二）交易相对人具有经营状况严重恶化、转移财产或者抽逃资金以逃避债务等丧失或者可能丧失履行交易能力的情形，或者具有不良信用记录、丧失商业信誉、实施违法犯罪等情形，影响交易安全；

（三）交易相对人拒绝接受适当的交易条件，或者不遵守经营者提出的合理要求；

（四）与交易相对人交易将严重减损该经营者的正当利益；

（五）能够证明行为具有正当性的其他理由。

第三十九条 具有市场支配地位的经营者，同时具备下列条件的，人民法院可以初步认定其构成反垄断法第二十二条第一款第四项规定的

“限定交易相对人只能与其进行交易或者只能与其指定的经营者进行交易”：

（一）经营者直接限定或者以设定交易条件、提供交易指南等方式变相限定交易相对人只能与其进行交易或者只能与其指定的经营者进行交易，或者限定交易相对人不得与特定经营者进行交易；

（二）限定交易行为排除、限制相关市场的竞争。

认定限定交易行为是否具有排除、限制竞争效果，可以综合考虑下列因素：

（一）限定交易的范围、程度及持续时间；

（二）限定交易是否提高市场进入壁垒或者增加竞争对手的成本而产生市场封锁效应；

（三）被告为平台经营者的，限定交易所针对的平台内经营者的可替代性和平台用户使用多个替代性平台的情况及其转向其他平台的成本；

（四）限定交易是否实质剥夺交易相对人的自主选择权；

（五）其他需要考虑的因素。

具有下列情形之一的，人民法院可以认定构成反垄断法第二十二条第一款第四项规定的正当理由：

（一）为保护交易相对人和消费者利益所必需；

（二）为满足商品安全要求所必需；

（三）为保护知识产权或者数据安全所必需；

（四）为保护针对交易进行的特定投入所必需；

（五）为维护平台合理的商业模式所必需；

（六）为防止对平台整体具有消极影响的不当行为所必需；

（七）能够证明行为具有正当性的其他理由。

第四十条 具有市场支配地位的经营者，同时具备下列条件的，人民法院可以初步认定其构成反垄断法第二十二条第一款第五项规定的

"搭售商品"：

(一) 经营者将可以单独销售的不同商品捆绑销售；

(二) 交易相对人违背意愿接受被搭售商品；

(三) 搭售行为排除、限制相关市场的竞争。

反垄断法第二十二条第一款第五项规定的"附加其他不合理的交易条件"，包括下列情形：

(一) 对交易达成、服务方式、付款方式、销售地域及对象、售后保障等附加不合理限制；

(二) 在交易对价之外索取缺乏合理依据的费用或者利益；

(三) 附加与所涉交易缺乏关联性的交易条件；

(四) 强制收集非必要的用户信息或者数据；

(五) 附加限制交易相对人改进技术、研究开发新产品等不竞争义务。

具有下列情形之一的，人民法院可以认定构成反垄断法第二十二条第一款第五项规定的正当理由：

(一) 符合正当的交易习惯、消费习惯或者商业惯例；

(二) 为保护交易相对人和消费者利益所必需；

(三) 为满足商品安全要求所必需；

(四) 为正常实施特定技术所必需；

(五) 为维护平台正常运行所必需；

(六) 能够证明行为具有正当性的其他理由。

第四十一条 具有市场支配地位的经营者，同时具备下列条件的，人民法院可以初步认定其构成反垄断法第二十二条第一款第六项规定的"对条件相同的交易相对人在交易价格等交易条件上实行差别待遇"：

(一) 经营者就相同商品对交易相对人在交易价格等交易条件上实行差别待遇；

(二) 与经营者的其他交易相对人相比，该交易相对人在交易安全、交易成本、规模和能力、信用状况、所处交易环节、交易持续时间等方面不存在影响交易的实质性差异；

（三）差别待遇行为排除、限制相关市场的竞争。

具有市场支配地位的经营者向交易相对人销售或者购买商品的价格高于或者低于该经营者在上下游市场中销售或者购买相同商品的价格，形成对交易相对人的利润挤压，足以排除、限制同等效率的交易相对人在相关市场开展有效竞争的，人民法院可以初步认定该经营者构成前款所称差别待遇。

认定差别待遇是否具有排除、限制竞争效果，可以综合考虑下列因素：

（一）是否排除、限制经营者与竞争对手之间的竞争；

（二）是否致使交易相对人处于不利竞争地位，并排除、限制其所在相关市场的竞争；

（三）是否损害消费者利益和社会公共利益；

（四）其他可以考虑的因素。

具有下列情形之一的，人民法院可以认定构成反垄断法第二十二条第一款第六项规定的正当理由：

（一）根据交易相对人的实际需求实行差别待遇且符合正当的交易习惯、消费习惯或者商业惯例；

（二）针对新用户的首次交易在合理期限内开展优惠活动；

（三）基于公平、合理、无歧视的平台规则实施的随机性交易；

（四）能够证明行为具有正当性的其他理由。

第四十二条 平台内经营者作为原告提起诉讼，主张平台经营者利用数据、算法、技术、平台规则等实施滥用市场支配地位或者其他违法行为，根据原告的诉讼请求和具体案情，人民法院可以区别下列情形作出处理：

（一）平台经营者通过惩罚性或者激励性措施等限定平台内经营者

交易、对平台内经营者附加不合理的交易条件、对条件相同的平台内经营者在交易价格等交易条件上实行差别待遇等，原告主张该平台经营者滥用市场支配地位的，依照反垄断法第二十二条、电子商务法第二十二条的规定审查认定；

（二）原告主张实施前项行为的平台经营者违反电子商务法第三十五条的规定的，依照该条规定处理。

五、民事责任

第四十三条 被告实施垄断行为，给原告造成损失的，根据原告的诉讼请求和查明的事实，人民法院可以依法判令被告承担停止侵害、赔偿损失等民事责任。

判令被告停止被诉垄断行为尚不足以消除排除、限制竞争效果的，根据原告的诉讼请求和具体案情，人民法院可以判令被告承担作出必要行为以恢复竞争的法律责任。

第四十四条 原告因被诉垄断行为受到的损失包括直接损失和相对于该行为未发生条件下减少的可得利益。

确定原告因被诉垄断行为受到的损失，可以考虑下列因素：

（一）被诉垄断行为实施之前或者结束以后与实施期间相关市场的商品价格、经营成本、利润、市场份额等；

（二）未受垄断行为影响的可比市场的商品价格、经营成本、利润等；

（三）未受垄断行为影响的可比经营者的商品价格、经营成本、利润、市场份额等；

（四）其他可以合理证明原告因被诉垄断行为所受损失的因素。

原告有证据证明被诉垄断行为已经给其造成损失，但难以根据前款规定确定具体损失数额的，人民法院可以根据原告的主张和案件证据，考虑被诉垄断行为的性质、程度、持续时间、获得的利益等因素，酌情确定合理的赔偿数额。

第四十五条 根据原告的诉讼请求和具体案情，人民法院可以将原告因调查、制止垄断行为所支付的合理开支，包括合理的市场调查费用、经济分析费用、律师费用等，计入损失赔偿范围。

第四十六条 多个被诉垄断行为相互关联，在同一相关市场或者多个相关市场给原告造成难以分割的整体性损失的，人民法院在确定损失时应当整体考虑。

多个被诉垄断行为各自独立，在不同的相关市场给原告造成损失的，人民法院在确定损失时可以分别考虑。

第四十七条 横向垄断协议的经营者以达成、实施该协议的其他经营者为被告，依据反垄断法第六十条的规定请求赔偿其参与该协议期间的损失的，人民法院不予支持。

第四十八条 当事人主张被诉垄断行为所涉合同或者经营者团体的章程、决议、决定等因违反反垄断法或者其他法律、行政法规的强制性规定而无效的，人民法院应当依照民法典第一百五十三条的规定审查认定。

被诉垄断行为所涉合同或者经营者团体的章程、决议、决定中的部分条款因违反反垄断法或者其他法律、行政法规的强制性规定而无效，当事人主张与该部分条款具有紧密关联、不具有独立存在意义或者便利被诉垄断行为实施的其他条款一并无效的，人民法院可予支持。

第四十九条 因垄断行为产生的损害赔偿请求权诉讼时效期间，从原告知道或者应当知道权益受到损害以及义务人之日起计算。

原告向反垄断执法机构举报被诉垄断行为的，诉讼时效从其举报之日起中断。反垄断执法机构决定不立案、撤销案件或者决定终止调查的，诉讼时效期间从原告知道或者应当知道该事由之日起重新计算。

反垄断执法机构调查后认定构成垄断行为的，诉讼时效期间从原告知道或者应当知道反垄断执法机构认定构成垄断行为的处理决定确定发生法律效力之日起重新计算。

六、附则

第五十条 人民法院审理垄断民事纠纷案件，适用被诉垄断行为发生时施行的反垄断法。被诉垄断行为发生在修改后的反垄断法施行之前，行为持续至或者损害后果出现在修改后的反垄断法施行之后的，适用修改后的反垄断法。

第五十一条 本解释自 2024 年 7 月 1 日起施行。《最高人民法院关于审理因垄断行为引发的民事纠纷案件应用法律若干问题的规定》（法释〔2012〕5 号）同时废止。

本解释施行后，人民法院正在审理的第一审、第二审案件适用本解释；本解释施行前已经作出生效裁判，当事人申请再审或者依照审判监督程序再审的案件，不适用本解释。

最高人民法院相关负责人就反垄断民事诉讼司法解释及典型案例答记者问

2024 年 6 月 24 日上午，最高人民法院举行反垄断民事诉讼司法解释新闻发布会，发布《最高人民法院关于审理垄断民事纠纷案件适用法律若干问题的解释》（以下简称《解释》）及近期人民法院反垄断典型案例，并回答记者提问。

问：反垄断法第十一条明确要求“健全行政执法和司法衔接机制”,《解释》是如何贯彻落实这一要求的?

答：反垄断法的实施有公共实施和私人实施两种途径。在我国，公共实施主要是指反垄断行政执法，私人实施主要是指反垄断民事诉讼，两者并行不悖、相辅相成。在行政执法和司法衔接机制方面，就人民法院工作而言，应做好两方面工作：一方面，通过审理反垄断行政诉讼案件，依法监督和支持反垄断行政执法；另一方面，在反垄断民事诉讼中努力健全与行政执法的高效衔接，推动提升反垄断执法司法合力。

为贯彻落实好反垄断法第十一条有关“健全行政执法和司法衔接机制”的要求，《解释》第二条、第十条、第十三条、第四十九条等条款作出了具体规定，涉及以下三个方面。一是在程序衔接方面。第二条第一款规定了反垄断行政查处后的后继民事诉讼，并将可以提起后继民事诉讼的最早时间节点由原司法解释规定的“处理决定发生法律效力后”修改提前至“处理决定作出后”，这样更便于当事人起诉、更高效实现行政处理与民事诉讼的衔接。第十三条规定了行政执法程序与民事诉讼程序并行时，人民法院可以根据案件具体情况中止诉讼。第四十九条第二款与第三款则通过规定诉讼时效中断和重新计算的方式进一步细化了行政执法与民事司法的无缝衔接。二是在事实认定方面。第十条明确认定构成垄断行为的行政处理决定所认定的事实“原则上推定真实但可例外推翻”的证据规则，赋予反垄断行政处理决定在民事诉讼中较高的证明价值，切实减轻原告的举证负担。三是在法律适用方面。《解释》第二十三条第二项规定了纵向协议例外，以便与反垄断法第十八条第三款规定的纵向垄断协议“安全港”制度相衔接。将来国务院反垄断执法机构出台“安全港”的具体适用标准后，根据《解释》的这一规定，人民法院就可以直接援引适用。此外，对于《解释》没有规定的问题，有关行政执法机关发布的部门规章或者反垄断指南有规定的，人民法院在司法实践中可以根据具体案情予以参照或者参考。

以上这些措施都是人民法院健全行政执法和司法衔接机制的具体体现。在《解释》规定的基础上，未来反垄断法行政执法和司法的衔接将更加务实高效、有序运行。

问：“举证难、证明难”一直是反垄断民事诉讼中的突出问题，《解释》是如何解决这一问题的？

答：努力解决反垄断民事诉讼中的“举证难、证明难”问题是起草《解释》的关注重点之一。《解释》从多个层面努力减轻原告的举证负担和证明难度，切实保障受害人利益，加强对垄断行为的司法规制。一是加强反垄断行政执法与反垄断民事诉讼的衔接，明确反垄断行政处理决定的较高证明价值。根据第十条规定，一旦反垄断行政处理决定认定构成垄断行为，则推定该事实成立。二是明确举证责任分配规则和证明标准，加大举证责任转移力度。《解释》通过第十四条、第二十一条、第二十七条、第二十八条等四个条文直接规定举证责任分配，指引当事人正确举证和证明。同时，《解释》特别强调通过对初步证据的正确评价实现举证责任及时转移，降低原告的举证难度，这些条款包括第十八条其他协同行为、第二十条药品专利反向支付协议、第三十七条低于成本销售、第三十八条拒绝交易、第三十九条限定交易、第四十条搭售、第四十一条差别待遇的规定。三是总结国内外经验，强化竞争效果和市场支配地位的直接证明。首先，在相关市场界定方面，第十四条第三款规定了原告有直接证据则不再对相关市场界定承担进一步举证责任的三种情形，第四款则明确了原告可以不对相关市场界定提供证据的情形。其次，在市场支配地位认定方面，同样强调直接证据的证明价值，第二十九条第一款和第二款分别规定了可以初步证明经营者具有市场支配地位的直接经济证据和自我宣传证据。上述诸多条款和措施，均是适当减轻原告举证责任的具体体现。四是提倡运用经济分析，利用专家意见协助查明案件事实。垄断行为的分析认定通常需要较为专业复杂的产业和经济学知识。第十一条在制度设计上指引当事人自行委托或者协商委托专业人员出具经济分析或者市场调查意见，以辅助证明垄断事实。

问：近年来，随着信息技术和数字经济的发展，垄断行为的方式和特点出现新变化，对反垄断执法司法提出了新挑战，《解释》是如何回应有关问题的？

答：信息技术和数字经济在推动经济增长、改善民生的同时，也出现网络效应、规模效应、“赢者通吃”等现象，给反垄断执法司法带来新的挑战。对此，我们在制定《解释》过程中努力总结提出一些具有针对性和科学性的裁判规则。一是在相关市场界定方面。首先，针对数字经济领域经营者之间的价格竞争的重要性有所减弱，质量、多样性、创新等非价格竞争重要性日益提升的情况，《解释》第十五条第二款专门规定了质量下降、成本上升等假定垄断者测试分析方法。其次，针对平台所面临的竞争可能是双边的甚至多边的特点，第十六条和第十七条第二款分别针对平台所涉相关商品市场和相关地域市场界定作出了指引。二是在规制垄断协议方面。首先，第二十四条对于经营者利用技术手段达成、实施横向或者纵向垄断协议专门作出规定。其中，第一款规定的横向垄断协议包含了利用数据、算法、技术、平台规则等手段达成的垄断“共谋”；第二款则包含了经营者利用技术手段实现限定或者自动化设定转售商品价格所达成的纵向垄断协议。其次，第二十五条还规定了对跨平台最惠待遇可能引发的垄断行为的司法规制路径。三是在规制滥用市场支配地位方面。首先，第三十条第二款和第三十二条专门规定了平台经营者市场份额的计算及市场支配地位的判断。其次，《解释》关于不公平价格、低于成本销售、拒绝交易、限定交易、搭售及附加不合理条件、差别待遇等规定的基本原则与分析思路在信息技术和数字经济领域亦可适用，但需要考虑信息技术和数字经济领域竞争的特点和规律，《解释》在多个条文中考虑相关特点和规律作了一定的细化指引。最后，第四十二条还对平台滥用市场支配地位行为的反垄断法与电子商务法选择适用作了指引性规定。这些均是对信息技术和数字经济领域反垄断热点与难点问题的积极回应。

问：一般认为，横向垄断协议是危害最严重的垄断行为，也是隐蔽性最强的垄断行为。该类协议的经营者为逃避反垄断执法司法，往往不形成书面协议，“只干不说”，由此导致反垄断执法司法实践中对该类协议证明和认定均较为困难。对该类棘手问题，《解释》是如何应对的？

答：横向垄断协议的发现和查处存在较大困难。实践中，尽管该类行为较为隐蔽且花样迭出，但只要付诸实施，总会露出某些蛛丝马迹，呈现若干具有共性的特征。正如亚当·斯密在《国富论》中所述，“从事相同贸易的人们即使是为了娱乐和消遣也很少聚集在一起。一旦聚会，其结果往往不是阴谋对付消费者，便是筹谋抬高价格。”

在总结实践经验基础上，《解释》第十八条第一款专门规定了“其他协同行为”的四项考量因素及其举证责任分配规则。特别是，结合国内外理论研究和执法司法实践发展，《解释》提出了四项考量因素中“1+2+4”或者“1+3+4”两种判断方法和证明规则。所谓“1+2+4”证明规则，是指只要原告证明上述第一项因素（经营者存在市场行为一致性）和第二项因素（经营者之间存在意思联络、信息交流或者传递），同时具备第四项因素（经营者不能对其行为一致性作出合理解释），人民法院即可认定“其他协同行为”形式的横向垄断协议成立。所谓“1+3+4”证明规则，是指只要原告证明上述第一项因素和第三项因素（相关市场的市场结构、竞争状况、市场变化等情况），同时具备第四项因素，人民法院也可认定“其他协同行为”形式的横向垄断协议成立。同时，《解释》第十八条第三款还具体规定了合理解释的内容和范围，目的是避免不当干涉经营者的经营自主权，在规制协同行为时需要排除规制平行行为如单纯的市场跟随行为。整体上，《解释》的该条规定具体明确了有关证明标准，适当减轻了原告的证明责任，有助于规制具有隐蔽性的“其他协同行为”。

问：对垄断行为受害人的损害赔偿救济在实践中也是一个难题，能否介绍一下《解释》的有关规定以及应该如何理解和把握？

答：《解释》第四十四条分三款从三个层次对垄断行为的损害赔偿作了规定。一是第一款明确了原告可主张的损失范围，包括直接损失和相对于被诉垄断行为未发生条件下减少的可得利益。因垄断行为造成的直接损失，通常是指受害人因垄断差价（垄断价格与垄断行为没有发生时的竞争价格之差）造成的损失、因排他性行为被阻碍进入市场所造成的沉没成本等。垄断行为"减少的可得利益"属于法理上的纯经济损失，通常是指如果垄断行为不发生时受害人可能获得的利润，或者因垄断行为发生导致受害人丧失的交易机会。二是第二款提供了确定损害赔偿数额的参考方法，例如前后比较方法、可比市场方法、可比经营者方法等。上述方法既不相互排斥，也没有优先顺序，需要根据案件具体情况合理选择对案件而言更为适宜的方法。三是第三款规定了酌定损害赔偿数额的方法。为克服垄断民事案件损害赔偿计算的难题，本款借鉴知识产权法定赔偿和国内外经验，引入了根据垄断行为的具体情况由法院酌定合理赔偿数额的方法。该方法的适用以原告已经证明其受到了实际损失但是难以根据第二款规定的方法确定损失数额为条件。需要指出的是，酌定损害赔偿方法的引入，主要是基于减轻原告证明负担、降低诉讼成本的考虑，在实践中应严格把握适用条件，避免滥用酌定赔偿。

问：我们注意到，《解释》相比一般的司法解释，不仅十分专业，而且整体篇幅较长，想请问其中的原因是什么？我们如何更好了解其中的司法理念和适用？

答：《解释》之所以篇幅较长，主要原因有两点：一是《解释》是一个在全面总结反垄断审判经验和整体吸收2012年《最高人民法院关于审理因垄断行为引发的民事纠纷案件应用法律若干问题的规定》的基础上，针对反垄断民事诉讼程序和实体问题作出比较系统性规定的司法解释；二是特定垄断行为特别是各种类型的滥用市场支配地位行为的认定，涉及的问题和因素较多，基于体系性考虑，也为了便于适用，尽可能将相关规则集中作专条规定。

学习和掌握好《解释》，需要重点依次把握好三点：第一，明确条文主旨和结构层次；第二，掌握条文背后的经济学和法学原理，厘清条款要义；第三，分析要点，抓准关键词，搞懂专业术语。

以《解释》第三十六条至第四十一条为例，该六条规定主要是明确六种典型的滥用市场支配地位行为（以下简称滥用行为）。首先，我们要注意解析每条的逻辑结构。其中，第三十七条至第四十一条均总体上分为两大部分共三款，第一大部分（第一款与第二款）规定认定特定滥用行为所应具备的积极条件，第二大部分（第三款）规定认定特定滥用行为的消极条件（排除认定构成该滥用行为的正当理由）。在这种逻辑结构之下，如果初步认定的积极条件具备后，被诉垄断行为人不能举证证明或者充分说明其行为的正当理由，则人民法院可以认定该滥用行为成立。其次，我们要注意运用有关经济学和法学原理来解读和把握条款的要义。例如，第三十六条第一款规定了认定不公平价格行为的八项因素，从经济学原理看，其规定了该种行为的三种主要分析方法，即收益率分析法（该款第一项）、成本价格分析法（该款第二项）、可比价格分析法（该款第三项至第六项）。再如，第三十七条第一款规定初步认定低于成本销售行为的两种情形，其背后的理据是，经济学上将平均可变成本视为一个企业的“退市点”。虽然这些条款看起来相当繁杂，但用经济学原理去解读其要义或者内在机理，并不难掌握。最后，概念或者术语是语言的最小单元和逻辑分析的起点，我们还要注意准确掌握平均可变成本、平均可避免成本等专业术语的含义。总之，学习要领在于纲举目张、深入浅出。上面提到的几点，或可作为有兴趣者的学习与研究参考。

（来源：最高人民法院网站）

部门规章、规章性文件与解读

国家发展改革委等部门

印发《关于打造消费新场景培育消费新增长点的措施》的通知

2024 年 6 月 13 日　　　　发改就业〔2024〕840 号

各省、自治区、直辖市及计划单列市、新疆生产建设兵团发展改革委、农业农村（农牧）厅（局、委）、商务主管部门、文化和旅游厅（局）、市场监管局（厅、委）：

为培育和壮大消费新增长点，促进消费稳定增长，国家发展改革委会同有关部门和单位研究制定《关于打造消费新场景培育消费新增长点的措施》。现印发给你们，请结合实际，认真抓好贯彻落实。

关于打造消费新场景培育消费新增长点的措施

消费新场景是消费新业态、新模式、新产品的系统集成，对促进消费提质升级，更好满足人民高品质生活具有重要意义。为顺应消费场景变化新趋势，推动科技成果在消费领域加快应用，进一步培育和壮大消费新增长点，特制定本措施。

一、总体要求

以习近平新时代中国特色社会主义思想为指导，深入贯彻落实党的二十大精神，完整、准确、全面贯彻新发展理念，更好发挥消费对经济发展的基础性作用，统筹扩大内需和深化供给侧结构性改革，围绕居民吃穿住用行等传统消费和服务消费，培育一批带动性广、显示度高的消费新场景，推广一批特色鲜明、市场引领突出的典型案例，支持一批创新能力强、成长性好的消费端领军企业加快发展，推动消费新业态、新模式、新产品不断涌现，不断激发消费市场活力和企业潜能。

二、重点任务

（一）培育餐饮消费新场景

1. 发展餐饮消费细分领域。挖掘地方特色美食资源，鼓励各地发布餐饮美食指引，因地制宜打造“美食名村”“美食名镇”，推广中华传统饮食文化。鼓励大型连锁餐饮下沉发展，发掘县域餐饮消费潜力。挖掘和满足婴幼儿、青少年、孕产妇、老年人等人群多样化需求，提供高适配用餐服务，引导科学绿色健康餐饮消费。加快制定完善预制菜、乳制品产业相关标准，规范复原乳标识，鼓励用生鲜乳生产液态奶。推进餐饮与文旅、会展、研学等多业态融合发展。（商务部牵头，工业和信息化部、农业农村部、文化和旅游部、国家卫生健康委、市场监管总局按职责分工负责）

2. 支持餐饮消费智能升级。推进餐饮经营主体数字化改造，提升市场分析和客户获取能力。推进餐饮外卖点单和配送智能化升级，鼓励根据历史订单、饮食限制和偏好进行个性化推荐，有条件的地方推广无人配送。鼓励餐饮服务明厨亮灶，大力推广餐饮环节菜品配料和制作方法自主明示制度。（商务部、市场监管总局按职责分工负责）

（二）培育文旅体育消费新场景

3. 深化旅游业态融合创新。积极发展冰雪旅游、海洋旅游、自驾露营旅游、红色旅游、研学旅游、康养旅游，推广“音乐+旅游”“演出+旅游”“赛事+旅游”等业态，打造一批有影响力的主题旅游精品线路。推动交通运输与旅游融合发展，鼓励发展旅游专列、旅游公路、低空旅游等旅游新产品。开展数字赋能文旅场景建设行动，积极发展数字艺术、沉浸式体验等新业态，支持利用网络直播、短视频平台开展线上旅游展示活动。（文化和旅游部牵头，交通运输部、商务部按职责分工负责）

4. 推动城乡文旅提质增效。打造一批文化特色鲜明的国家级旅游休闲城市和街区。引导夜间文化和旅游消费集聚区创新发展。实施休闲农业精品工程，认定一批全国休闲农业重点县，推出一批全国乡村旅游重点村镇，遴选推介中国美丽休闲乡村。打造“游购乡村”系列活动品牌。推进乡村民宿规范发展、提升品质，培育一批乡村等级旅游民宿。（文化和旅游部牵头，国家发展改革委、农业农村部按职责分工负责）

5. 提升入境旅游便利水平。持续优化出入境政策措施，积极研究增加过境免签政策国家数量。适当增加主要客源国的入境航班频次，推出更多优质入境旅游产品和服务。完善市政交通、热门景区、餐厅酒店、机场车站等公共场所外语指示标志。在地图导航软件等应用中增加多语种服务，优化打车服务。聚焦“食、住、行、游、购、娱、医”等场景，确定重点场所及重点商户名录，推动受理境外银行卡。提高外籍游客在华购票、餐饮、住宿、出行、预约的便利化水平。（文化和旅游部牵头，公安部、交通运输部、国家卫生健康委、中国人民银行、金融监管总局按职责分工负责）

6. 拓展文娱体育消费空间。打造新生代潮玩聚集地，支持打造一批演艺新空间，促进虚拟现实（VR）体验等文娱业态场景创新。增加高质量演出供给，加大海外优质文化产品引进力度。加快国家文化专网、文化大数据平台建设，发展数字化文化消费新场景。持续推进电视操作复杂治理，组织开展视听虚拟现实制作技术应用示范和“未来电视”试点，鼓励生产更多优质广电视听内容，带动视听电子消费。推进体育公园、全民健身中心等健身场地建设，打造一批高质量户外运动目的地，引导和扩大体育休闲消费。鼓励和引导开展“村 BA”“村超”“村排”“村跑”等富有农趣农味的乡村赛事活动。开展“体育赛事进景区、进街区、进商圈”“跟着赛事去旅行”“户外运动活力山水”行动计划等促消费品牌活动。（**文化和旅游部、体育总局牵头，国家发展改革委、农业农村部、广电总局按职责分工负责**）

（三）培育购物消费新场景

7. 推动购物消费多元融合发展。推动现有步行街设施改造和业态升级，积极发展智慧商圈，打造商旅文体融合的新型消费空间。鼓励利用老旧厂房、城市公园、草坪广场等开放空间打造创意市集、露营休闲区。探索社会闲置公共资源商业化运营，鼓励经营困难的传统百货店、大型体育场馆等改造为商业综合体。鼓励有条件的地方科学制定以公共交通为导向（TOD）的模式，优化城市公共交通场站地上地下空间综合开发，推进汽车客运站综合开发利用。（**商务部牵头，国家发展改革委、自然资源部、住房城乡建设部、交通运输部按职责分工负责**）

8. 利用新技术拓展购物消费体验。完善商贸流通基础设施建设，提升传统商贸流通企业数字化水平。加强线上线下商品“同质”“同标”建设。鼓励建设和升级信息消费体验中心，推动信息消费示范城市建设。在明确标识和规范监管的基础上，探索利用人工智能大模型、虚拟现实（VR）全景和数字人等技术，拓展电商直播场景。发展线上“虚拟家居布置”“虚拟试衣”等产品展示业务，促进沉浸式体验消费。发展即时零售、智慧超市、智慧驿站、智慧书店等新零售业态。（**国家发展改革委、**

工业和信息化部、商务部、市场监管总局按职责分工负责）

9. 培育国货“潮品”消费。建设新消费品牌创新城市，构建新消费品牌孵化生态体系，培育推广一批引领性消费品牌。深入实施消费品“三品”行动，分级打造中国消费名品方阵，重点品牌带头建设国际品牌。办好中国品牌日活动，鼓励各地开展特色品牌创建。挖掘中华老字号和非物质文化遗产消费潜能。（国家发展改革委、工业和信息化部、商务部、文化和旅游部按职责分工负责）

（四）培育大宗商品消费新场景

10. 拓展汽车消费新场景。鼓励限购城市放宽车辆购买限制，增发购车指标。通过中央财政和地方政府联动，安排资金支持符合条件的老旧汽车报废更新。鼓励有条件的地方支持汽车置换更新。扩大公共领域车辆全面电动化先行区试点范围。稳步推进自动驾驶商业化落地运营，打造高阶智能驾驶新场景。开展智能汽车“车路云一体化”应用试点。开展城市汽车流通消费改革试点。结合汽车赛事、自驾露营、汽车文化体验、汽车改装、汽车租赁等，丰富汽车后市场产品和服务，进一步促进二手车放心便利交易。（商务部牵头，国家发展改革委、工业和信息化部、财政部、交通运输部按职责分工负责）

11. 丰富家装家居消费场景。鼓励家装样板间进商场、进社区、进平台，支持居民开展旧房装修、局部改造和居家适老化改造。以便利城乡居民换新为重点，健全废旧家电回收体系，推动家电以旧换新，鼓励地方和企业组织开展优惠促销等系列活动，促进家电更新消费。鼓励家电和平台企业开展进社区免费检测、上门拆旧换新等服务。推广智慧厨房、智能睡眠、健康卫浴等应用场景，推进室内全智能装配一体化和全屋智能物联。在住房建设和运维中，积极推广智能安防、智慧停车、立体停车等新模式。合理满足居民多样化的家装家居消费金融需求。（商务部牵头，国家发展改革委、住房城乡建设部、中国人民银行、金融监

管总局按职责分工负责)

12. 打造电子产品消费新场景。加大柔性屏、超级摄影、超级快充、人工智能助手、端侧大模型、跨屏跨端互联等软硬件功能开发，增强人机交互便利性。支持智能穿戴设备在通信娱乐、运动健身、健康监测、移动支付等领域应用，开拓柔性可穿戴、环境自适应智能纺织品应用领域。拓展智能机器人在清洁、娱乐休闲、养老助残护理、教育培训等方面功能，探索开发基于人工智能大模型的人形机器人。鼓励探索反向定制、个性化设计和柔性化生产等新模式，创新电子产品应用场景。鼓励以市场化方式举办电子产品展销会，提高智能产品知晓度和渗透率。(工业和信息化部牵头，国家发展改革委按职责分工负责)

(五) 培育健康养老托育消费新场景

13. 推动健康消费发展。鼓励有条件的地区和医疗机构提供特需医疗服务，支持社会力量进入高端医疗服务领域。研究制定统一的居民电子健康档案首页基本内容，便利居民获得基本卫生健康服务。研发融合数字孪生、脑机交互等技术的医疗装备和健康用品。开展“健康消费引领行动”。(国家卫生健康委牵头，国家发展改革委、商务部、医保局按职责分工负责)

14. 拓展银发消费新场景。引导电商平台、大型商超举办银发主题购物节，支持设立银发消费专区。加快消费场所适老化改造，鼓励商场、超市等开设老年专区或便捷窗口，提高老年人消费便利度。优化提升老年助餐服务，鼓励有条件的地方结合经济发展水平和财力状况，给予老年助餐服务机构一定的运营补助或综合性奖励补助，并按规定对享受助餐服务的老年人给予补贴或发放老年助餐消费券。科学使用特殊医学用途配方食品。鼓励养老机构与医疗卫生机构通过毗邻建设、签约合作等方式满足老年人健康养老服务需求，鼓励有条件的医疗卫生机构将服务延伸至社区和家庭。持续提升适老化无障碍交通出行，推动康复辅助器具升级。完善智慧健康养老产品和服务推广目录，发展健康管理、养老监护、心理慰藉类智能产品，提高老年用品市场供给质量。（国家发展改革委、工业和信息化部、民政部、财政部、交通运输部、商务部、国家卫生健康委、市场监管总局按职责分工负责）

15. 积极发展育幼消费。探索社区、家庭互助等托育服务新模式，发展集中管理运营的社区育幼服务，指导家庭托育点健康规范发展。鼓励提供全日托、计时托等多类型托育服务。支持行业协会等开发婴幼儿照护课堂，发展互联网直播互动式家庭育儿服务，向广大家庭尤其是农村家庭提供科学育儿知识和技能。加大婴幼儿照护专业建设支持力度，健全保育师等育幼相关人员的培训和管理。加快完善公共场所母婴室建设，加强商场、写字楼等“婴童友好”活动空间管理。（国家发展改革委、国家卫生健康委按职责分工负责）

（六）培育社区消费新场景

16. 完善城市社区便民服务。推进完整社区建设。支持社区盘活现有闲置房屋场所，鼓励利用现有设施转型为社区嵌入式服务设施，推动养老育幼、邻里助餐、体育健身、健康服务、家政便民等服务进社区。因地制宜打造一刻钟便民生活圈。探索发展智慧社区，推动社区生活服务数字化、智能化发展。（国家发展改革委、民政部、自然资源部、住房城乡建设部、商务部、广电总局按职责分工负责）

17. 优化农村社区消费环境。加快补齐农村道路、供排水、生活污水垃圾处理等公共基础设施短板，改善农村消费硬件设施。统筹利用各类农村信息服务站点，完善农村信息服务体系。推进农村客货邮融合发展，完善县乡村三级快递物流配送体系，加快提升电商、快递进农村综合水平。支持新能源汽车、绿色智能家电等下乡。支持开展电影、体育赛事、图书等下乡活动，推动优质文化产品进农村。（自然资源部、农业农村部、商务部、文化和旅游部按职责分工负责）

三、做好组织实施

各地要高度重视培育消费新场景有关工作，切实加强系统谋划，推动政策尽快落地见效。国家发展改革委将会同有关部门加强统筹协调，充分发挥完善促进消费体制机制部际联席会议制度作用，协调推进跨部门协作。鼓励各地总结打造消费新场景培育消费新增长点的好经验好做法，充分发挥先进地区、优秀企业的示范引领作用。支持相关部门和地方协同开展政策性试点示范和实践探索，加强对大宗消费、服务消费的综合金融支持，依法依规合理降低消费领域企业用地成本和制度性交易成本。

国家发展改革委就业司负责人就《关于打造消费新场景培育消费新增长点的措施》答记者问

2024 年 6 月 13 日，国家发展改革委会同农业农村部、商务部、文化和旅游部、市场监管总局联合印发《关于打造消费新场景培育消费新增长点的措施》（以下简称《措施》）。日前，国家发展改革委就业司负责人就《措施》回答了记者提问。

问：《措施》的出台背景是什么？

答：促进消费稳定增长，关键是要把蕴藏的巨大消费潜力释放出来。消费新场景是消费新业态、新模式、新产品的系统集成，对促进消费提质升级，更好满足人民高品质生活具有重要意义。从需求侧看，我国有全球规模最大、成长性最好的中等收入群体，孕育着大量消费升级需求。围绕居民吃穿住用行等传统实物消费和服务消费，培育一批智能绿色健康安全的消费新场景可以起到很好的引领示范作用。从供给侧看，以消费升级为导向的产业升级正在提速，产业体系对智能化、共享化、网联化等新形态和新模式的支撑有望进一步增强。打造消费新场景有助于更好顺应消费场景变化新趋势，不断提升优质商品和服务供给，推动以高质量供给引领和创造市场新需求。

在前期工作基础上，按照党中央、国务院“要创造更多消费场景，更好满足人民群众多样化、高品质消费需要”有关部署要求，国家发展改革委研究出台《措施》，与已出台的消费专项支持举措形成合力，通过创新消费场景，拓展消费新需求，培育和壮大消费新增长点。

问：打造消费新场景培育消费新增长点的总体要求是什么？

答：打造消费新场景培育消费新增长点总体要求是以习近平新时代中国特色社会主义思想为指导，深入贯彻落实党的二十大精神，完整、准确、全面贯彻新发展理念，更好发挥消费对经济发展的基础性作用，统筹扩大内需和深化供给侧结构性改革，围绕居民吃穿住用行等传统消费和服务消费，培育一批带动性广、显示度高的消费新场景，推广一批特色鲜明、市场引领突出的典型案例，支持一批创新能力强、成长性好的消费端领军企业加快发展，推动消费新业态、新模式、新产品不断涌现，不断激发消费市场活力和企业潜能。

问：《措施》部署了哪些重点任务？

答：《措施》围绕餐饮消费、文旅体育消费、购物消费、大宗商品消费、健康养老托育消费和社区服务消费等方面制定一系列政策举措，旨在加速推动消费场景应用升级和数字赋能，进一步培育和壮大消费新增长点。

一是培育餐饮消费新场景。发展餐饮消费细分领域，鼓励因地制宜挖掘地方特色美食资源。提供高适配用餐服务，更好满足婴幼儿、孕产妇等人群多样化需求，推进餐饮与多业态融合发展。支持餐饮消费智能升级，推进餐饮经营主体数字化改造。

二是培育文旅体育消费新场景。深化旅游业态融合创新，积极发展冰雪旅游、海洋旅游等业态，鼓励发展旅游专列等旅游新产品。推动城乡文旅提质增效，引导和扩大体育休闲消费。优化入境旅游产品和服务，提升入境旅游便利水平。

三是培育购物消费新场景。推动购物消费多元融合发展，打造商旅文体融合的新型消费空间。利用新技术拓展购物消费体验，鼓励建设和升级信息消费体验中心，推动信息消费示范城市建设。办好中国品牌日活动，培育推广一批引领性消费品牌，培育国货“潮品”消费。

四是培育大宗商品消费新场景。拓展汽车消费新场景，打造高阶智能驾驶新场景。丰富家装家居消费场景，推进室内全智能装配一体化和全屋智能物联。打造电子产品消费新场景，加大柔性屏、超级摄影、端侧大模型等软硬件功能开发，开拓智能穿戴设备应用领域。

五是培育健康养老托育消费新场景。加快消费场所适老化改造，鼓励商场、超市等开设老年专区或便捷窗口。鼓励养老机构与医疗卫生机构通过毗邻建设、签约合作等方式满足老年人健康养老服务需求。探索社区、家庭互助等托育服务新模式。

六是培育社区消费新场景。支持社区盘活现有闲置房屋场所，推动养老育幼、邻里助餐、体育健身、健康服务、家政便民等服务进社区。推进农村客货邮融合发展，完善县乡村三级快递物流配送体系，优化农村社区消费环境。

问：从中长期看，关于培育消费新增长点有哪些机遇和趋势？

答：近两年，我国消费需求不断释放，消费市场稳步回暖。2023年，最终消费支出对经济增长的贡献率为82.5%，是经济增长第一拉动力。从中长期看，消费的发展机遇和趋势，以下“四新”值得关注。

一是人民对美好生活的向往带来消费新需求。从国际经验看，当人均国内生产总值迈过 1 万美元大关时，消费升级的进程会显著加快。我国有 14 亿多人口，人均国内生产总值超过 1. 2 万美元，随着我国人均国内生产总值的提升和中等收入群体的扩大，消费升级步伐有望进一步加快。

二是科技革命创造消费新供给。当前，科技革命和产业变革加速演进，大数据、云计算、人工智能、物联网、区块链等新技术手段不断涌现，数字技术、数据要素正在深刻改变人类生产和消费，这将为消费供给迭代升级提供众多新机遇。

三是人口结构变化蕴藏消费新动能。随着我国居民人口结构变化和社会需求转换，服务消费快速增长，2023 年，全国服务零售额增速较商品零售额高 14. 2 个百分点。同时，年轻群体逐渐成为消费主力，个性表达和沉浸体验消费开始受到青睐。

四是农村消费升级释放消费新潜力。2023 年末，我国乡村常住人口共计 4. 77 亿人。随着农村消费环境改善、消费渠道完善，城乡消费市场融合水平不断提升，将带动优质消费品下乡及特色农产品进城，有助于释放农村消费潜力，持续拓展新的消费增长空间。

问：如何推动《措施》各项任务有效落实落地？

答：《措施》涉及部门较多，政策的落实落地需要各部门和地方共同努力。国家发展改革委将会同有关部门，坚持部门协同、央地联动，重点抓好以下工作。

一是加强统筹协调。充分发挥完善促进消费体制机制部际联席会议制度作用，协调推进跨部门协作，压实落实机制，形成工作合力，推动各项措施早落地、早见效。

二是强化典型引领。鼓励各地总结打造消费新场景培育消费新增长点的好经验好做法，加强央地同向发力，充分发挥先进地区、优秀企业的示范引领作用，引导形成积极消费预期。

三是做好宣传解读。加强政策宣传解读，组织有关部门和相关专家广泛深入开展政策宣传解读工作，拓展宣传渠道，让社会广泛知晓和应享尽享各项支持政策。

四是跟进总结推广。做好对《措施》落实情况的动态跟进，对工作积极主动、成效明显的地方，及时总结推广典型经验做法，及时协调解决政策落实中的难点、堵点问题，持续完善相关措施。

（来源：国家发展改革委网站）

地方性法规、地方政府规章与解读

北京市外商投资条例

（2024 年 5 月 31 日北京市第十六届人民代表大会常务委员会第十次会议通过
2024 年 5 月 31 日北京市人民代表大会常务委员会公告〔十六届〕
第 20 号公布　自 2024 年 7 月 1 日起施行）

目　录

第一章　总　则

第一条　为了促进外商投资，保护外商投资合法权益，规范外商投资管理，服务和融入全面开放新格局，促进高质量发展，根据《中华人民共和国外商投资法》《中华人民共和国外商投资法实施条例》等法律、行政法规，结合本市实际，制定本条例。

第二条 本条例适用于本市行政区域内的外商投资及其促进、保护、服务、管理等活动。

第三条 本市全面落实对外开放基本国策，对接国际高标准经贸规则，深化商品和要素开放，扩大规则、规制、管理、标准等制度开放，建设市场化、法治化、国际化一流营商环境，实行高水平投资自由化便利化政策，为外商投资营造稳定、透明、可预期和公平竞争的市场环境。

第四条 本市依法实行外商投资准入前国民待遇加负面清单管理制度。

外商投资准入负面清单规定禁止投资的领域，外国投资者不得投资；负面清单规定限制投资的领域，外国投资者进行投资，应当符合负面清单规定的限制性准入特别管理措施。

外商投资准入负面清单规定禁止投资和限制投资以外的领域，按照内外资一致的原则实施管理。

第五条 市、区人民政府应当加强对外商投资工作的组织领导，及时协调、解决外商投资工作中的重大问题。

市、区商务和发展改革部门按照职责分工，开展外商投资促进、保护、服务和管理工作；其他有关部门在各自职责范围内，负责外商投资促进、保护、服务和管理的相关工作。

第六条 本市落实京津冀协同发展战略，强化协同创新，加强产业协作，共同优化营商环境，推进人才、科技等要素自由流动，鼓励外国投资者、外商投资企业在京津冀区域开展投资活动，推进京津冀区域外商投资创新链、产业链、供应链联动。

第二章　投资促进

第七条　外商投资企业依法平等适用国家和本市支持企业发展的各项政策。

市、区人民政府及其有关部门在制定产业发展、招商引资、招标投标、政府采购、经营行为规范、资质标准等与市场主体生产经营活动密切相关的政策措施时，应当进行公平竞争审查，不得针对外商投资企业制定、实施或者变相实施歧视性政策措施。

第八条　市、区人民政府及其有关部门可以根据法律、行政法规、本市地方性法规的规定，在法定权限内制定费用减免、用地指标保障、人才引进保障、公共服务提供、招商引资奖励等外商投资促进政策措施。

第九条　本市制定与外商投资有关的地方性法规、规章、规范性文件，应当根据实际情况，采取书面、网上征求意见或者召开座谈会、论证会、听证会等多种形式，听取外商投资企业和有关商会、协会等方面的意见和建议；对反映集中或者涉及外商投资企业重大权利义务问题的意见建议，征求意见的单位应当通过适当方式反馈采纳的情况。

与外商投资有关的规范性文件应当依法及时公布，未经公布的不得作为行政管理依据。与外商投资企业生产经营活动密切相关的规范性文件，应当结合实际，合理确定公布到施行之间的时间。

制定机关公布与外商投资有关的地方性法规、规章、规范性文件应当进行解读，并根据需要公布实施指引或者案例指引。

第十条　本市构建市级统筹、区为主体、市区联动、多方参与的投资促进机制。

市投资促进服务机构应当统筹外商投资招商引资工作，编制招商引资中长期规划，加强招商引资与中国国际服务贸易交易会、中关村论坛、北京文化论坛、金融街论坛等会展平台和国际经贸、文化、科技、体育等交流联动，创新招商引资模式，推动政府部门、引资机构、商会、协会、企业等多方参与外商投资促进。

第十一条　本市加强与我国驻外经贸和投资促进服务机构的合作，在相关国家或者地区建立健全投资促进合作机制，建设多种形式的投资促进平台。

市投资促进服务机构应当统筹本市在境外设立的贸易投资网络、产业园区，以及市属国有企业境外机构等资源，加强与外国企业、中资企业境外机构、海外华侨华人社团等的交流对接，加大境外招商引资力度，拓展招商引资渠道。

第十二条　本市发挥国家服务业扩大开放综合示范区和中国（北京）自由贸易试验区开放引领作用，对接产业发展需求，对接国际高标准经贸规则，实施外商投资试验性政策措施。

对接国际高标准经贸规则，实施外商投资试验性政策措施，需要暂时调整适用有关法律、行政法规、国务院文件、部门规章的，市有关部门应当加强与国家有关部门的沟通，主动协助开展相关工作。

第十三条　市商务部门、投资促进服务机构应当会同市发展改革等部门编制、发布并及时更新外商投资指引。外商投资指引应当包括投资环境介绍、外商投资办事指南、投资项目信息以及相关数据信息等内容。

第十四条　本市鼓励和引导外国投资者、外商投资企业在国家鼓励外商投资产业目录、本市重点发展的战略性新兴产业、先进制造业和现代服务业等领域投资。

本市鼓励外国投资者、外商投资企业参与贯彻实施碳达峰碳中和战略相关活动，推进绿色低碳发展。符合条件的项目，按照有关规定给予奖励。

第十五条　本市支持外国投资者、外商投资企业在本市设立跨国公司全球总部、地区总部，集聚业务、拓展功能。具体办法由市商务部门制定。

本市鼓励外国投资者、外商投资企业与高等院校、科研机构、其他企业基于自愿原则和商业规则开展技术合作。支持外国投资者、外商投资企业在本市设立外资研发中心，参与公共服务平台建设和政府科技计划项目，共享利用财政性资金建设或者购置的重大科研基础设施和大型科学仪器设备，具体办法由市科学技术部门制定。

第十六条 本市鼓励符合条件的外国投资者设立投资性公司。投资性公司在本市投资设立的企业，按照国家有关规定享受外商投资企业待遇。

第十七条 本市支持外商投资企业依法和内资企业以相同条件参与标准制定、修订工作，参加本市标准化技术委员会或者标准化组织机构。制定、修订与外商投资企业密切相关的地方标准，应当征求外商投资企业的意见。

参与标准制定、修订的外商投资企业可以按照本市有关规定申请补助资金。

第十八条 本市保障外商投资企业依法通过公平竞争参与政府采购活动，依法平等对待外商投资企业在中国境内生产的产品、提供的服务。

市、区财政部门应当开展保障市场主体公平参与政府采购活动的监督检查，依法受理外商投资企业相关投诉，依法查处对外商投资企业的歧视性行为。

第十九条 本市按照国家规定实施外商投资企业再投资免于外汇登记制度。

本市鼓励外商投资企业利润再投资，实行再投资与新增外资相同的配套政策。外国投资者境内取得利润再投资按照国家规定执行暂不征收预提所得税政策。

外商投资企业境内再投资企业所投资的项目，符合国家鼓励外商投资产业目录等条件的，按照国家有关规定享受进口自用设备免征关税政策。

第二十条 本市按照国家关于扩大银行保险领域外资金融机构准入的规定，支持符合条件的外资机构依法开展银行卡清算业务，支持符合条件的境外专业保险机构在本市投资设立或者参股保险机构。

第三章 投资保护

第二十一条 外国投资者在本市的出资、利润、资本收益、资产处置所得、知识产权许可使用费、依法获得的补偿或者赔偿、清算所得等，可以依法以人民币或者外汇自由汇入、汇出。

外商投资企业外籍职工和香港、澳门、台湾职工的工资收入和其他合法收入，可以依法自由汇出。外商投资企业聘用的外籍和香港、澳门、台湾人才，可以按照国家规定适用经常项目下外汇业务便利化措施。

第二十二条 本市加强外商投资领域知识产权行政保护和司法保护。

市知识产权部门应当会同有关部门健全知识产权快速协同保护机制和纠纷多元化解决机制，平等保护外国投资者和外商投资企业的知识产权。

本市各级人民法院对外商投资知识产权案件的财产保全、证据保全、行为保全申请，应当按照法定期限受理、审查、作出裁定。对于故意侵害知识产权，情节严重的，依法适用侵权惩罚性赔偿。

第二十三条 本市加强政务诚信建设，建立健全政务失信记录和惩戒制度。

本市各级人民政府及其有关部门应当履行向外国投资者、外商投资企业依法作出的政策承诺以及依法订立的各类合同。

因国家利益、社会公共利益需要改变政策承诺、合同约定的，应当依照法定权限和程序进行，并依法对外国投资者、外商投资企业因此受到的损失予以补偿。

第二十四条 市、区人民政府及其有关部门应当按照公开透明、高效便利的原则，建立健全外商投资企业投诉工作机制。

外商投资企业或者其投资者认为行政机关及其工作人员的行政行为侵犯其合法权益的，可以通过外商投资企业投诉工作机制申请协调解决，或者依法申请行政复议、提起行政诉讼。

市商务部门应当制定外商投资企业投诉工作管理办法，明确投诉方式、投诉处理时限等内容。市投资促进服务机构应当依法做好投诉受理工作；各区人民政府、北京经济技术开发区管理委员会应当明确投诉受理机构，依法做好本区域投诉受理工作。

第二十五条 本市建立健全多层次、多形式的外商投资企业政企沟通机制。

市、区人民政府及其有关部门应当通过定期召开座谈会、政策咨询会等方式，听取外商投资企业、商会、协会的意见，协调解决问题，完善政策措施。市、区商务部门对跨部门、跨区域诉求应当加强统筹协调，有关部门按照各自职责推进解决并将处理结果向市、区商务部门反馈。具体办法由市商务部门会同有关部门制定。

外国投资者、外商投资企业可以通过12345企业服务热线、外商投资企业诉求采集系统等渠道，反映相关诉求和意见建议，有关部门应当及时研究处理。

第二十六条 本市建立健全调解、仲裁、行政裁决、行政复议、诉讼等有机衔接、相互协调的多元化纠纷解决机制，为外国投资者、外商投资企业提供高效、便捷的纠纷解决途径。

第二十七条 本市支持商事调解组织开展涉外商事调解，鼓励国际商事调解组织设立办事机构。

本市推进国际商事仲裁中心建设，鼓励境外仲裁机构设立业务机构，开展国际商事、投资等领域仲裁业务。

第二十八条 本市支持北京国际商事法庭建设，完善涉外商事审判体制机制，发挥涉外商事案件审判职能。本市各级人民法院依法开展涉外商事案件司法公开，发布涉外知识产权、涉外商事等典型案例，为保护外商投资合法权益提供指引。

第四章 投资服务

第二十九条 本市按照政府主导、多方参与的原则，建立健全外商投资服务体系，通过规划引领、购买服务、政策激励等方式引导专业机构、商会、协会、企业等主体参与外商投资服务工作。

第三十条 市市场监管部门应当完善外商投资企业登记注册办理流程，会同有关部门建立外国投资者身份认证数据对接验证机制和异地主体资格互认机制，实现外商投资企业登记注册全过程网上办理。有关部门应当配合市场监管部门做好外国投资者身份认证工作。

有限责任公司、股份有限公司因股东发生变化等原因申请变更内资、外资企业类型的，市、区市场监管部门依法予以登记。

第三十一条 本市推动外商投资政务服务事项进驻政务服务中心，实施综合窗口受理，为外国投资者、外商投资企业提供规范、便利、高效的政务服务。

市政务服务部门应当会同有关部门编制全市统一的政务服务事项目录和实施清单，依法确定外商投资政务服务事项受理条件、流程和材料等，并向社会公布。

市政务服务部门应当会同有关部门完善北京国际版门户网站，为外国投资者、外商投资企业提供集成服务。

第三十二条 市政务服务部门应当会同有关部门建设全市一体化政策服务平台。有关部门可以依托平台运用数字技术，为外国投资者、外商投资企业提供政策发布、政策推送、政策兑现等服务。

第三十三条 市、区发展改革、商务、投资促进服务等部门和机构应当建立健全重点外商投资项目服务机制，为项目洽谈、签约、注册、运营等提供全流程服务，协调解决项目推进中的问题，可以采取“服务包”“服务管家”等方式，为外商投资企业运营提供针对性服务保障。

第三十四条 本市依法促进外商投资企业研发、生产、销售等数据跨境安全有序流动。市网信部门应当按照国家有关规定为符合条件的外商投资企业高效开展重要数据和个人信息出境安全评估提供便利。支持外商投资企业与总部数据流动。探索形成可自由流动的一般数据清单。

中国（北京）自由贸易试验区依法制定本自由贸易试验区需要纳入出境管理的重要数据清单，报国家有关部门备案；试验区内数据处理者向境外提供数据清单外数据，可以免予申报数据出境安全评估、订立个人信息出境标准合同、通过个人信息保护认证。

市网信部门应当完善数据跨境服务中心建设，为外商投资企业数据跨境流动提供合规服务。

第三十五条 市人力资源和社会保障部门应当建立健全境外职业资格认可目录并动态调整，优化配套举措；出入境管理部门应当为符合条件的外商投资企业相关人员提供入境出境、停留居留便利。

外商投资企业可以向人力资源和社会保障部门申请自主开展职业技能等级认定，经人力资源和社会保障部门备案后可以自主开展认定。符合本市人才引进条件的，可以申请办理人才引进，有关部门应当为外商投资企业引进技能人才提供便利。

第三十六条 外商投资企业可以依法成立和自愿参加商会、协会。商会、协会应当依照法律法规和章程的规定开展相关活动，维护会员的合法权益，促进行业自律。

本市鼓励设立外商投资服务机构，为外国投资者、外商投资企业提供投资环境评估、产业链配套等市场化专业服务。

第五章　投资管理

第三十七条　外商投资应当符合本市产业政策。需要办理投资项目核准、备案的，应当按照国家和本市有关规定，向发展改革部门、北京经济技术开发区管理委员会、北京城市副中心管理委员会、北京大兴国际机场临空经济区（大兴）管理委员会等具有外商投资项目核准、备案权限的部门申请。

对实行备案管理的项目，外国投资者、外商投资企业已经按照国家规定提交全部项目信息的，应当认定为备案。

第三十八条　本市依法实施外商投资信息报告制度。外国投资者或者外商投资企业应当通过企业登记系统以及企业信用信息公示系统向商务部门报送投资信息。市、区商务和市场监管部门应当为外国投资者或者外商投资企业报送投资信息提供指导。

市、区商务部门和其他有关部门应当加强信息共享，通过本市政务大数据平台等渠道能够获得的信息，不得要求外国投资者、外商投资企业重复报送。

第三十九条　本市对外商投资企业进行检查应当落实行政执法公示制度，执行行政检查事项清单，加强执法检查事项统筹，避免重复检查。

有关部门应当推进企业信用风险分级分类监管，对信用风险低的外商投资企业，降低抽查比例和频次，可以不主动实施现场检查。

市有关部门应当依法制定行政处罚裁量基准清单和轻微违法行为不予行政处罚清单，向社会公布并适时更新。外商投资企业与内资企业平等适用清单规定。

第四十条 本市依法实施外商投资安全审查制度。实施投资前，外国投资者或者境内相关当事人应当按照规定的主动申报范围向国家有关部门申报。市发展改革部门会同有关部门配合开展安全审查工作。

第六章 法律责任

第四十一条 本市各级人民政府和有关部门及其工作人员有下列情形之一的，依法追究责任：

（一）制定与市场主体生产经营活动密切相关的政策措施未进行公平竞争审查或者违反审查标准出台针对外商投资企业的歧视性政策措施；

（二）违法限制外商投资企业平等参与标准制定、修订工作；

（三）违法限制外国投资者汇入、汇出资金；

（四）不履行向外国投资者、外商投资企业依法作出的政策承诺以及依法订立的各类合同，或者因国家利益、社会公共利益改变政策承诺、合同约定，未依法对外国投资者、外商投资企业损失予以补偿；

（五）其他违反法律、法规的行为。

第四十二条 外国投资者的投资活动违反外商投资准入负面清单规定的，应当依据《中华人民共和国外商投资法》规定承担相应的法律责任。

外国投资者、外商投资企业未按照外商投资信息报告制度的要求报送投资信息的，由商务部门责令限期改正；逾期不改正的，转市场监管部门依法处罚。

第七章　附　则

第四十三条　香港特别行政区、澳门特别行政区、台湾地区投资者以及定居在国外的中国公民在本市投资的，参照本条例执行；法律、行政法规或者国务院有规定的，从其规定。

第四十四条　本条例自2024年7月1日起施行。

解读《北京市外商投资条例》

北京市人大常委会法工委相关负责人

《北京市外商投资条例》》（以下简称《条例》）已由市十六届人大常委会第十次会议于2024年5月31日表决通过，自2024年7月1日起施行。北京以地方立法的形式作出制度设计和承诺，为外商在京投资、经营送上“定心丸”，也以法治力量推动更高水平对外开放迈出坚定一步。

“《条例》最大的特点在于为外商投资营造了更加公开透明可预期的市场环境，展示了既有刚性又有温度的‘北京服务’品牌，构建了更好分享制度型开放红利的规则体系。”北京市人大常委会法工委相关负责人表示。《条例》共7章44条，针对外资企业在京发展比较关心的政策制定、政府采购、政府守约践诺、数据跨境流动、外汇便利、知识产权保护、技能人才引进、政企沟通机制等方面的问题，逐一进行了制度设计，同时突出北京特色，固化了近年来本市在外资工作中探索形成的重点项目服务机制、“服务包”“服务管家”等举措，为优化外商投资环境再“加码”。

开放型经济发展的重要力量
更好助力外资企业在京投资兴业

近年来，外资已经成为本市开放型经济发展的重要力量。“十三五”期间，全市实际利用外资累计达 796 亿美元，占全国比重超 11. 8%。2023 年全市实际使用外资 137. 1 亿美元，全市新设外商投资企业 1729 家，同比增长 22. 8%。与此同时，当前世界百年未有之大变局加速演变，全球范围内产业链供应链加速调整，外商投资形势出现了新变化，例如吸引外商投资企业新设研发中心“黏性”下降、“磁性”不足，新设外商投资企业数量波动明显，总部企业能级待提升，以及利用外资规模需扩容、结构需优化等。因此，有必要坚持问题导向开展地方立法，发挥“两区”建设优势，深化商品和要素流动型开放，扩大规则、规制、管理、标准等制度型开放，为构建开放型经济新体制提供法治保障。

按照市委部署，市人大常委会充分发挥制度优势，建立外商投资立法工作机制，成立立法专班，以高站位、高起点开展立法工作。《条例》起草阶段，市人大常委会民宗侨外办公室结合“两区”建设“一条例一决定”执法检查，分别到东城、朝阳、海淀、通州、顺义、大兴、经开区和 10 家市级相关部门开展调研，听取政策制定部门、政策执行部门、人大代表和专家学者的意见建议，对《条例》草案的章节体例结构和制度设计进行深入研究。同时，专程征求 8 家外资商会和 60 余家外资企业的意见建议，对有关制度设计进行细化和完善。《条例》草案形成后，再次听取有关外资商会的意见建议，并到大众汽车、玛氏食品、罗尔斯—罗伊斯等代表性外资企业进行走访调研。征集到的13大类共200余条问题和意见建议中，有80%吸收转化到了《条例》草案中。

此次立法坚持法治统一，突出地方特色，在贯彻落实上位法和国家外商投资领域最新政策文件精神的基础上，对接国际高标准经贸规则，积极回应外资关切，定位更加侧重促进和保护外商投资，力求以服务为牵引，优化营商环境，维护好外资合法权益。每一次审议和修改都充分吸收了各方意见建议，是科学立法、民主立法、依法立法的一次生动实践。

更完善的政策环境
制定招商引资等政策措施应进行公平竞争审查

破除影响外商投资准入的隐性壁垒是营造公平竞争市场环境的关键。《条例》遵循上位法规定，明确本市依法实行外商投资准入前国民待遇加负面清单管理制度。负面清单以外的领域，按照内外资一致的原则实施管理。鼓励和引导外资在国家鼓励外商投资产业目录、本市重点发展的战略性新兴产业、先进制造业和现代服务业等领域投资，支持设立跨国公司全球总部、地区总部和外资研发中心、投资性公司等。发挥"两区"开放引领作用，实施外商投资试验性政策措施。

《条例》一再重申"平等"，外资"同等门槛"参与政府采购也有法可依。《条例》提出，外商投资企业依法平等适用国家和本市支持企业发展的各项政策，制定产业发展、招商引资、招标投标、政府采购、经营行为规范、资质标准等与市场主体生产经营活动密切相关的政策措施时，应当进行公平竞争审查，不得针对外商投资企业制定、实施或者变相实施歧视性政策措施。同时，保障外商投资企业依法通过公平竞争参与政府采购活动，依法平等对待外商投资企业在中国境内生产的产品、提供的服务。

涉外商投资法规政策的制定也需要“打开大门”听取意见建议。《条例》规定，本市制定与外商投资有关的地方性法规、规章、规范性文件，应采取书面、网上征求意见或者召开座谈会、论证会、听证会等多种形式，听取外商投资企业和有关商会、协会等方面的意见和建议。与外商投资有关的规范性文件应当依法及时公布，未经公布的不得作为行政管理依据。

更优质的投资服务
外商投资政务服务事项“一窗”综合受理

“投资服务”单独成章是《条例》的一大特色。《条例》在上位法基础上，单独设置了“投资服务”一章，固化了近年来本市在外资工作中深受外资企业肯定的服务保障方式。同时针对当前全市正在研究推进的“京策”一体化政策服务平台、“圆桌会议”政企沟通机制等创新做法作出了具体规定。

首先是更加清晰、明确的办事清单和办事流程。《条例》要求，完善外资企业登记注册流程，建立外国投资者身份认证数据对接验证机制和异地主体资格互认机制，实现外商投资企业登记注册全过程网上办理。推动外商投资政务服务事项进驻政务服务中心，实施综合窗口受理。编制全市统一的政务服务事项目录和实施清单，依法确定外商投资政务服务事项受理条件、流程和材料等，并向社会公布。建设全市一体化政策服务平台，运用数字技术，为外国投资者、外商投资企业提供政策发布、政策推送、政策兑现等服务。重点外商投资项目可享受项目洽谈、签约、注册、运营等全流程针对性服务保障。

同时，针对外企普遍关心的数据、人员等要素是否能便捷跨境流动等问题，《条例》提出，本市依法促进外商投资企业研发、生产、销售等数据跨境安全有序流动，为符合条件的外商投资企业高效开展重要数据和个人信息出境安全评估提供便利，探索形成可自由流动的一般数据清单。自贸试验区更为“优待”，可依法制定其需要纳入出境管理的重要数据清单，试验区内数据处理者向境外提供数据清单外数据，可以免予申报数据出境安全评估、订立个人信息出境标准合同、通过个人信息保护认证。人员流动方面，建立健全境外职业资格认可目录，为符合条件的外资企业相关人员提供入境出境、停留居留便利，明确外资企业可以申请自主开展职业技能等级认定。

更全面的权益保护

政企沟通“有事必应”，行政检查“无事不扰”

《条例》聚焦外资关切，在“投资保护”一章强化了对于外商投资合法权益的保护力度，有针对性地解决了外资企业普遍关注的知识产权保护、诉求解决等问题。

知识产权保护事关投资者信心。《条例》规定，本市健全知识产权快速协同保护机制和纠纷多元化解决机制，平等保护外国投资者和外商投资企业的知识产权。本市各级人民法院对外商投资知识产权案件的财产保全、证据保全、行为保全申请，应当按照法定期限受理、审查、作出裁定。对于故意侵害知识产权，情节严重的，依法适用侵权惩罚性赔偿。

同时，《条例》重申了政府守约践诺的决心，规定建立健全政务失信记录和惩戒制度，要求本市各级政府及其有关部门应当履行向外国投资者、外商投资企业依法作出的政策承诺以及依法订立的各类合同。因国家利益、社会公共利益需要改变政策承诺、合同约定的，应当依照法定权限和程序进行，并依法对其受到的损失予以补偿。

为了能及时回应企业诉求，《条例》规定本市建立健全多层次、多形式的外商投资企业政企沟通机制。政府及其有关部门应当通过定期召开座谈会、政策咨询会等方式，听取外商投资企业、商会、协会的意见。外国投资者、外商投资企业则可以通过12345企业服务热线、外商投资企业诉求采集系统等渠道，反映相关诉求和意见建议。

“有事必应”的同时，还要做到“无事不扰”。《条例》要求对外商投资企业进行检查应当落实行政执法公示制度，避免重复检查。推进企业信用风险分级分类监管，对信用风险低的外商投资企业，降低抽查比例和频次，可以不主动实施现场检查。内外资企业平等适用行政处罚裁量基准清单和轻微违法行为不予行政处罚清单。

（来源：《北京日报》2024年6月3日）

指导案例、典型案例与解读

最高人民法院发布
近期人民法院反垄断典型案例

（2024 年 6 月 24 日）

案例 1. “汽车销售”纵向垄断协议后继诉讼案：缪某与上某汽车销售公司、上海逸某汽车销售服务公司纵向垄断协议纠纷［最高人民法院（2020）最高法知民终 1137 号民事判决书］

案例 2. “枸地氯雷他定原料药专利”滥用市场支配地位案：扬某药业集团广州海某药业公司、扬某药业集团公司与合肥医某医药股份公司等滥用市场支配地位纠纷［最高人民法院（2020）最高法知民终 1140 号民事判决书］

案例 3. “工业润滑油”轴辐协议案：呼和浩特市汇某物资公司与壳某（中国）公司横向垄断协议纠纷［最高人民法院（2021）最高法知民终 1315 号民事判决书］

案例 4. “稀土永磁材料专利”滥用市场支配地位案：宁波某磁业公司与日本某金属株式会社滥用市场支配地位纠纷［最高人民法院（2021）最高法知民终 1482 号民事判决书］

案例 5. “交通信号控制机”横向垄断协议案：安徽科某信息产业

公司与安徽中某科技股份公司垄断纠纷［最高人民法院（2024）最高法知民终 455 号民事判决书］

案例 1. “汽车销售”纵向垄断协议后继诉讼案：缪某与上某汽车销售公司、上海逸某汽车销售服务公司纵向垄断协议纠纷

【案号】（2020）最高法知民终 1137 号

【基本案情】

2014 年，缪某从上海逸某汽车销售服务公司（以下简称逸某公司）购买涉案车辆。2016 年，上海市物价局作出涉案处罚决定书，认定在 2014 年分销汽车过程中，上某汽车销售公司（以下简称上某公司）存在与上海地区经销商达成并实施限定向第三人转售商品最低价格垄断协议的事实，责令其立即停止违法行为，并处以上一年度相关销售额 4% 的罚款。缪某认为，其于上某公司实施上述纵向垄断协议期间购买涉案车辆，其合法权益受到了涉案垄断行为的侵害，故向一审法院起诉，请求判令上某公司赔偿其购车损失 1 万元及维权合理开支 7500 元，逸某公司对上述损失承担补充赔偿责任。一审法院以证据不足为由判决驳回缪某诉讼请求。缪某不服，向最高人民法院提起上诉。

最高人民法院二审认为，反垄断执法机构认定构成垄断行为的处罚决定在法定期限内未被提起行政诉讼或者已为人民法院生效裁判所确认，原告在相关垄断民事纠纷案件中据此主张该垄断行为成立的，无须再行举证证明，但有相反证据足以推翻的除外。基于本案证据可以认定有关垄断行为和损失，故撤销一审判决，改判支持缪某全部诉讼请求。

【典型意义】

该案系反垄断执法机构作出行政处罚后，消费者就垄断行为主张损害赔偿的民事诉讼，即反垄断后继诉讼。该案裁判明确了后继诉讼中原告的举证责任，有利于切实减轻原告举证负担，有效强化反垄断民事救济，对于反垄断行政执法和司法衔接机制的落实具有示范意义。

案例2. “枸地氯雷他定原料药专利”滥用市场支配地位案：扬某药业集团广州海某药业公司、扬某药业集团公司与合肥医某医药股份公司等滥用市场支配地位纠纷

【案号】（2020）最高法知民终1140号

【基本案情】

扬某药业集团公司及其子公司（合称扬某方）系商品名为“贝雪”的抗过敏药物枸地氯雷他定片剂生产商。合肥医某医药股份公司拥有枸地氯雷他定有关专利权，该公司及其子公司、关联公司（合称医某方）是生产“贝雪”所必需的枸地氯雷他定原料药的唯一供应方。医某方除生产枸地氯雷他定原料药外，也生产枸地氯雷他定硬胶囊剂。医某方与扬某方既是涉案枸地氯雷他定原料药的供需双方，也是枸地氯雷他定制剂的竞争双方。扬某方认为，医某方利用其在枸地氯雷他定原料药市场的支配地位，限定扬某方只能向其购买涉案原料药，大幅提高涉案原料药价格，以停止供应涉案原料药为要挟强迫扬某方接受与涉案原料药交易无关的其他商业安排，给扬某方造成巨大损失，构成滥用市场支配地位行为，故请求判令医某方停止滥用市场支配地位行为，并赔偿扬某方损失及维权合理开支1亿元。一审法院认定，医某方实施了限定交

易、不公平高价、附加不合理交易条件等滥用市场支配地位行为，判决其立即停止上述行为并赔偿扬某方 6800 余万元。双方均不服，向最高人民法院提起上诉。

最高人民法院二审认为，医某方在中国境内的枸地氯雷他定原料药市场具有市场支配地位，但因面临来自下游第二代抗组胺药制剂市场的较强间接竞争约束，故其市场支配地位受到了一定程度的削弱。根据现有证据，难以认定其实施了滥用市场支配地位行为。一是枸地氯雷他定落入医某方专利权保护范围，医某方限定扬某方只能向其购买涉案专利原料药的时间和范围未超出正当行使专利权的范围，由此产生的市场封锁效果也并未超出专利权的法定排他范围，故不构成滥用市场支配地位的限定交易行为。二是综合考虑涨价后的内部收益率及价格与经济价值的匹配度，涉案专利原料药初始价格系促销性价格的可能性较大，后续涨价较大可能系从促销性价格向正常价格的合理调整，仅凭价格涨幅明显高于成本涨幅这一事实尚不足以认定存在滥用市场支配地位的不公平高价行为。三是现有证据尚不足以证明医某方存在将案外项目与涉案专利原料药销售作捆绑交易的明示或者暗示，故难以认定存在附加不合理交易条件行为。故判决撤销一审判决，改判驳回扬某方的诉讼请求。

【典型意义】

该案系我国涉原料药领域首例垄断民事诉讼案件。判决明确了在判断中间投入品经营者市场支配地位时对来自下游市场的间接竞争约束的考量、限定交易行为的市场封锁效果与专利权法定排他范围的关系、不公平高价判断的基本思路和具体方法等，对于促进反垄断法的准确适用，有力维护药品市场公平竞争具有积极意义。

案例3. “工业润滑油”轴辐协议案：呼和浩特市汇某物资公司与壳某（中国）公司横向垄断协议纠纷

【案号】（2021）最高法知民终1315号

【基本案情】

呼和浩特市汇某物资公司（以下简称汇某公司）系壳某（中国）公司的经销商，主要在内蒙古中北部区域经销某品牌工业润滑油产品。汇某公司认为，双方合作期间，壳某（中国）公司屡次在具体项目中协调、组织经销商投标，构成横向垄断协议侵权，遂起诉请求判令壳某（中国）公司停止侵权。一审法院认定，壳某（中国）公司经其他经销商请求，在具体招标项目中通过邮件等形式，组织、协调经销商报价，实施了协调、组织经销商投标的行为，但该行为并未产生排除、限制竞争的效果，故判决驳回汇某公司的诉讼请求。汇某公司不服，提起上诉。

最高人民法院二审认为，反垄断法语境下的轴辐协议，是由轴心经营者与上游或者下游的多个轮缘经营者分别达成相互平行的纵向协议，轮缘经营者之间通过处于中心位置的轴心经营者的组织、协调达成横向合谋，在轴心经营者与轮缘经营者的共同作用下，实现排除、限制竞争的目的。轴辐协议本质上是轮缘经营者之间达成的横向垄断协议。自2008年起施行的反垄断法虽然没有专门规定轴辐协议，但并不意味着不能依据反垄断法及侵权责任法相关规定追究民事侵权责任。如果轴心经营者组织其他经营者达成、实施横向垄断协议的主观故意明显，则应当审查判断其是否构成共同侵权；如果轴心经营者为轮缘经营者达成、实施横向垄断协议提供实质性帮助，则应当审查判断其是否构成帮助侵权。在涉案四项目中，壳某（中国）公司通过对授权经销商的纵向控制，在授权经销商之间来回穿梭，一方面与指定授权经销商合谋对特定销售对象固定价格或变更价格；另一方面，限制非指定授权经销商参与针对特定销售对象的品牌内竞争，使壳某（中国）公司指定的授权经销商以合谋的价格获得特定销售对象的相关项目。壳某（中国）公司不能对其行为的正当性作出合理解释。壳某（中国）公司上述协调、组织授权经销商达成并实施限制投标、投高价等行为，限制了某品牌工业润滑油品牌内竞争，损害了某品牌工业润滑油下游市场用户的利益，构成自 2008 年起施行的反垄断法第十三条第一款第一项规定的固定或者变更商品价格行为以及第三项规定的分割销售市场的行为。由于壳某（中国）公司系经销商之间达成并实施横向垄断协议的组织者，依据侵权责任法第八条的规定，壳某（中国）公司与相关经销商构成共同侵权，应当承担连带责任。最高人民法院判决撤销原判，改判壳某（中国）公司停止实施协调、组织某品牌工业润滑油经销商达成并实施横向垄断协议行为。

【典型意义】

该案系人民法院审结的首例涉轴辐协议的垄断案件。判决明确了轴辐协议的法律性质、审查认定的考量因素及侵权判定原则，为 2022 年修改后的反垄断法第十九条的适用提供了案例指引，为轴辐协议这种特殊类型垄断协议案件的审理积累了经验。该案裁判有利于规范品牌供应商、平台经营者等经营者与下游经营者之间的交易，维护全国统一大市场下的公平竞争市场环境。

案例4. “稀土永磁材料专利”滥用市场支配地位案：宁波某磁业公司与日本某金属株式会社滥用市场支配地位纠纷

【案号】（2021）最高法知民终1482号

【基本案情】

宁波某磁业公司系浙江省宁波市经营生产烧结钕铁硼材料的企业。日本某金属株式会社在全球拥有稀土材料领域600余项烧结钕铁硼专利，其在中国许可八家企业实施其专利技术后，决定不再增加新的被许可人。宁波某磁业公司于2014年3月至2015年3月多次请求日本某金属株式会社许可而被拒绝，遂于2014年12月提起诉讼，请求判令日本某金属株式会社停止侵害（拒绝交易等滥用市场支配地位行为），并赔偿宁波某磁业公司经济损失700万元。一审法院认定，日本某金属株式会社在烧结钕铁硼必需专利的专利许可市场具有支配地位，其拒绝交易无正当理由，故判令日本某金属株式会社停止拒绝交易的滥用市场支配地位行为，赔偿宁波某磁业公司经济损失490万元。日本某金属株式会社不服，提起上诉。

最高人民法院二审认为，本案证据不足以证明日本某金属株式会社的烧结钕铁硼专利不可替代，亦不足以证明存在独立的生产烧结钕铁硼所必需的专利的许可市场，故难以认定本案相关市场为日本某金属株式会社所拥有的生产烧结钕铁硼所必需的专利的专利许可相关市场。在此情况下，根据烧结钕铁硼材料生产技术的需求替代等情况，本案相关市场应界定为全球烧结钕铁硼材料生产技术市场，包括具有紧密替代性的专利技术和非专利技术等。鉴于烧结钕铁硼材料生产技术就是用于生产烧结钕铁硼材料，且烧结钕铁硼材料（产品）的市场份额等状况能够更为准确且方便地反映烧结钕铁硼生产技术的市场状况，涉案相关市场中技术拥有方的市场力量可以通过烧结钕铁硼材料市场的市场份额予以评估。综合考虑在案证据情况，日本某金属株式会社在全球烧结钕铁硼材料生产技术市场并不具有支配地位。故判决撤销一审判决，驳回宁波某磁业公司的诉讼请求。

【典型意义】

该案是知识产权与反垄断相互交织的典型案件，受到广泛关注。二审判决妥善处理专利权行使与反垄断的关系，通过科学合理界定相关市场，依法改判认定外方权利人拒绝涉案专利许可并不构成垄断行为。该案裁判彰显了中国法院平等保护中外当事人合法权益的司法理念和依法公正裁判涉知识产权滥用的反垄断案件的审理思路，积极回应了国内外业界关切。

案例 5. “交通信号控制机”横向垄断协议案：安徽科某信息产业公司与安徽中某科技股份公司垄断纠纷

【案号】（2024）最高法知民终 455 号

【基本案情】

同在某市经营道路交通信号控制机（以下简称信号机）的安徽科某信息产业公司（以下简称科某公司）与安徽中某科技股份公司（以下简称中某公司）签订《关于信号机的合作协议》（以下简称涉案协议），约定：科某公司协助指导中某公司的信号机通过测试；中某公司自愿放弃在某市的信号机销售；涉案协议生效后，若中某公司继续在某市销售或自用其品牌信号机，则向科某公司按每台 2 万元支付违约金。协议签订后，中某公司继续在某市销售其品牌信号机。科某公司以中某公司违约为由，向一审法院提起诉讼，请求判令中某公司支付违约金。中某公司辩称涉案协议构成横向垄断协议，应确认为无效。一审法院认定，涉案协议构成横向垄断协议，系无效合同，故判决驳回科某公司的诉讼请求。科某公司不服一审判决，提起上诉，请求改判支持其全部诉讼请求。

最高人民法院二审认为，科某公司和中某公司具有竞争关系，其所签订的涉案协议将中某公司从某市信号机销售市场排除出去，系以提供测试指导为对价、以控制销售数量和分割市场为目的的典型横向垄断协议，一审法院依法认定涉案协议全部无效，并无不当。遂判决驳回上诉，维持原判。

【典型意义】

该案明确了具有竞争关系的经营者不得以向对方提供技术或者服务为名，实现将对方排除出市场的限制竞争目的。该案裁判对于有效维护市场竞争、提高企业反垄断合规意识具有积极意义。

法答网精选答问

法答网精选答问（第五批）（节录）

问题 2：能否依据交通事故责任认定中的“全责”或“主责”认定“好意同乘”规定中的“重大过失”？

答疑意见：民法典第一千二百一十七条规定的“好意同乘”中驾驶人重大过失一般指严重违反最基本的注意义务，例如，驾驶人存在酒后驾驶、无证驾驶、行驶中闯红灯等明显违法行为情形。交通事故责任认定书中对驾驶人作出的“全责”或“主责”认定，只能作为评判的考量因素，不能仅凭此当然认定驾驶人存在重大过失。例如，驾驶人仅因通常认为的一般过失造成交通事故，但如果对方完全没有过错或者造成的是单方事故，在交通事故责任认定上仍会被评判为“全责”；反之，如果一方驾驶人存在无证驾驶等重大过失，但对方驾驶人同时存在醉酒驾驶等更为严重且直接导致事故的违法行为，在事故责任认定上可能会评判对方驾驶人为“主责”，无证驾驶一方因此仅被评判为“次责”，但在侵权责任过错评价上，可以认定双方都存在重大过失。因此，不能单纯以交通事故认定书上的事故责任认定判断行为人是否构成重大过失，而应当根据驾驶人的客观行为表现及主观心理状态等全案事实作出综合判断。

咨询人：宋杨/山东省威海市中级人民法院

答疑专家：孔祥雨/山东省高级人民法院审判监督二庭

问题3：守约方为申请诉前财产保全而投保的财产保全责任险的保险费，能否由违约方赔偿？

答疑意见：守约方主张违约方赔偿其为申请诉前财产保全而投保的财产保全责任险的保险费的，人民法院原则上不予支持，除非当事人在合同中明确约定该保险费将作为守约方实现债权的费用由违约方承担，且该保险费必要、合理。对于上述保险费是否必要、合理的认定，人民法院可以根据以下因素个案衡量：其一，申请财产保全是否必要；其二，申请财产保全的范围是否与人民法院最终判决支持原告主要诉讼请求的金额（如判令违约方承担违约责任的金额）相当。

咨询人：陈建红/新疆维吾尔自治区高级人民法院民二庭

答疑专家：苏蓓/最高人民法院民二庭

问题4：环境民事公益诉讼中，替代性修复责任如何统一适用标准？

答疑意见：生态环境修复往往技术复杂、过程漫长，是一项综合系统治理工程。如何量化生态环境损害、受损生态环境能否修复、具体采取何种措施才能恢复应有的生态系统服务功能、如何管护才能达到生态修复的目的等，一定程度上受制于不同的环境要素种类、生态环境恢复的目标、恢复生态学的基本原理和生态环境鉴定评估技术政策等。例如，大气、水流具有自净能力，受到污染后因自净而无必要进行直接生态环境修复的情况下，可以采取替代性修复方式。而土壤污染、固体废物污染等因损害难以自净、自然恢复时间过长等因素，需判断修复责任的具体履行形式。

生态环境修复责任的履行，一般应当采用直接修复的方式。例如，盗伐、滥伐林木造成生态破坏，原地原样补植树木是直接修复的优选方式，可以依据林业部门出具的专业意见制订详细修复方案，明确补植复绿的栽植品种、规格、数量、时间、养护期限和要求等。如果确实无法直接修复，可以充分考虑在经济性、行为相当性和自愿性的基础上，依据修复对象的不同，采取替代性修复的方式。替代性修复方式包括同地区异地点、同功能异种类、同质量异数量、同价值异等级等可以使生态环境恢复到受损害之前的功能、质量和价值的情形。例如，鉴定机构出具专业意见建议采取在受损区域异位恢复与受损生态环境基线同等类型和质量的生境并补偿期间损失的修复。又如，针对珍贵、濒危动植物物种的侵害，明显无法直接恢复的，则需要综合考量物种生态价值和生态功能，从有利于提升受损区域整体保护效果，能够实现受损区域保护目标的角度，确定修复方式。

咨询人： 张满洋/江西省高级人民法院环资庭

答疑专家： 刘慧慧/最高人民法院环资庭

司法实务问题研究

功能、体系与实践之维：预约合同认定与规则适用

——以《最高人民法院关于适用〈中华人民共和国民法典〉合同编通则若干问题的解释》第六条至第八条为视角

刘　振*

预约合同制度是我国司法实践中长期面临的重大疑难问题之一，争议未曾间断。民法典第四百九十五条除将原适用于买卖合同的预约合同制度扩张成为合同编通则的一般性规定，同时对所列举的预约合同类型有所限制外，基本沿袭了《最高人民法院关于审理买卖合同纠纷案件适用法律问题的解释》（以下简称《买卖合同解释》）第二条的规定。《最高人民法院关于适用〈中华人民共和国民法典〉合同编通则若干问题的解释》（以下简称《民法典合同编通则解释》）在总结以往司法实践经验的基础上，对预约合同认定、违反预约合同的法律后果等问题进行了明确规定，这也成为《民法典合同编通则解释》的一项重大制度

* 作者单位：江苏省南京市中级人民法院。

创新和亮点。但是如何理解上述规则，以保障预约合同制度的准确适用和制度之间的有效衔接，仍需进一步探讨。为此，本文拟从预约合同制度功能、体系与司法实践的现实需求等三个维度出发，对《民法典合同编通则解释》规定的预约合同制度提供一种合理的解释路径，以期对预约合同制度的准确适用有所裨益。

一、功能主义之维：立足商事实践

就功能主义的法律生成观而言，社会需求为法律产生的原动力，当一项制度具有现行类似制度无法比拟的优越性时，要么在现行制度的缝隙中生存下来，要么取代现行类似制度发展下去。① 预约合同作为市场主体基于商事实践的需要而创设的交易模式，是合同自由原则的体现和重要产物，因其自身独特的功能，在市场交易中具有举足轻重的地位，其适用范围亦越来越广泛，而这些功能正是预约合同制度得以产生与存在的内因和前提。

（一）缔约延缓功能

预约合同作为介于缔约意向与本约合同之间的合同形态，其功能已经蕴含于“缔约意向形成—预约合同成立—本约合同成立”的结构之中。其通过将本约合同的成立时间后延，在保证阶段性缔约成果的基础上，创造了改进当事人一方的预期收益并且使预期收益组合更加均衡的可能性。这种功能可以称为缔约延缓功能。② 那么，当事人为何不选择直接订立本约合同而暂时订立一个拘束力相较于本约合同而言更弱的预约合同呢？主要原因有两点。

① 参见范硕：《预约合同制度的构建——基于〈民法典〉的时代背景》，中国法制出版社 2020 年版，第 54 页。

② 参见聂圣：《预约功能的法经济分析——兼评“疑约”的两种解释论》，载《江南大学学报（人文社会科学版）》2019 年第 5 期。

1. 当事人合意延缓

就主观情势而言，本约合同的订立无论是在法律上还是在客观现实中都已经不存在任何障碍，也不存在需要当事人就合同的主要条款进一步磋商之必要。在此情形下，当事人之所以不选择直接订立本约合同，主要是由于一方或者双方基于某种利益的考量抑或其他主观原因而选择暂时不订立本约合同，但同时又欲相对地保留当前的交易机会而作出的一种折中选择：如果在约定的期限内，没有出现一个"更优选项"，则预约合同将会在双方的合意下顺利地过渡到本约合同阶段；相反，如果在约定的期限内，出现了一个相对而言的"更优选项"，当事人将有可能基于"成本—收益"的经济学考量而选择不订立本约合同，从而中断此次交易进程，即便因先前预约合同的存在而使当事人不得不付出一定的交易成本。从这个意义上而言，预约合同的缔约延缓功能实际上是赋予了当事人一方或者双方在一定期限之后作出重新选择的机会，以决定是否将之前的预约合同最终经合意转化为本约合同。

2. 客观情势延缓

当事人虽欲订立本约合同，然而由于存在事实上或者法律上的障碍，或者当事人暂时无法就合同的全部重要内容达成一致意见，从而造成本约合同无法订立，这也是预约合同产生和存在的最主要原因。这种法律上或者事实上的障碍主要包括以下两个方面。

第一，本约合同的主要内容尚无法全部确定。虽然客观上此种情形下可以通过合同解释或者规则漏洞填补的方式予以解决，但在当事人看来，此种情形的存在对于其决定选择订立预约合同抑或本约合同至关重要。例如，虽然当合同未对违约责任进行约定时可以适用相关法律规定确定违约方的责任，但是如果当事人将违约责任的确定视为一项决定其是否订立本约合同的重要因素，则可能因双方暂时无法就此达成一致意见而只能选择订立预约合同并在未来就违约责任问题继续进行磋商。

第二，规避行政主管部门的特定审批程序或者缔约要件。尽管理论上预约合同可能存在于所有的合同类型中，但实践中以商品房买卖合同预约合同纠纷最为常见。《最高人民法院公报》先后刊载过五个涉及预约合同纠纷的典型案例，分别是“戴某飞案”“仲某清案”“俞某新案”“张某案”“成都迅某案”，均系商品房买卖预约合同纠纷。这一现象颇为值得玩味和思考。根据相关法律和司法解释的规定，商品房预售应当取得预售许可证，未获预售许可证而签订的预售合同无效。[①] 这或许是该领域出现大量预约合同的一项重要的制度因素。此外，对于某些特定类型的合同，由于其牵涉利益广泛，对公共利益影响甚巨，故法律规定其必须履行特定的土地招标、土地拍卖、土地挂牌程序才能订立。例如，招标投标法规定了必须进行招投标的建设工程项目。由于土地招标、土地拍卖、土地挂牌属于复杂的缔约方式，周期长、成本高且结果具有不确定性，故有的当事人可能通过订立预约合同的方式试图规避该程序。

（二）缔约担保功能

预约合同之所以被广泛使用，在于其具有特殊的担保性功能。一方面，预约合同在确认阶段性磋商成果的基础上，相对固定了交易机会，限定了双方当事人的预期收益及其移动方向，任何一方当事人无根据地放弃交易或者擅自与第三方达成类似协议，必须付出相应的成本，赔偿对方的损失；另一方面，预约合同也会将其约束力延展到外部，产生外部性，通过机会成本起到防御第三方侵夺交易机会的作用。[②] 这体现的正是预约合同的缔约担保功能，该种功能主要是通过明确或者强化预约

---

① 城市房地产管理法第四十五条第一款规定：“商品房预售，应当符合下列条件：……（四）向县级以上人民政府房产管理部门办理预售登记，取得商品房预售许可证明。”《最高人民法院关于审理商品房买卖合同纠纷案件适用法律若干问题的解释》第二条规定：“出卖人未取得商品房预售许可证明，与买受人订立的商品房预售合同，应当认定无效……”

② 参见聂圣：《预约功能的法经济分析——兼评“疑约”的两种解释论》，载《江南大学学报（人文社会科学版）》2019 年第 5 期。

合同当事人的法定义务以及违反预约合同的违约责任来实现的。根据合同自由和意思自治原则，在正式合同订立之前，任何一方当事人均享有放弃缔约的自由。但在某些特殊情况下，该种行为可能给另一方当事人造成损失，此时如果不能给予另一方当事人一定的救济，于法理不合。因此，合同法第四十二条及民法典第五百条均规定了缔约过失责任制度，为处于缔约磋商阶段的当事人提供某种程度的救济，以防止其信赖利益受到不法侵害。但缔约过失责任在实践中的适用效果存在一定的局限性，对受害方的举证责任要求较高，赔偿责任范围亦不易确定。相较而言，预约合同制度则肯定了该种合同的独立地位，当事人可以通过订立预约合同的方式事先约定一定的定金、违约金或者违约金的计算方法等，以弥补缔约过失责任制度之不足，从而实现对当事人缔约行为的更强规制。

二、体系主义之维：厘清规范体系

预约合同属于一种相对独立的合同类型，符合合同的一切基本特征，是当事人通过协商形成一致意思表示的结果，具有合意性以及相应的效力约束性。然而，对于如何具体认定某一合同是否为预约合同抑或本约合同，在理论和司法实践中存在较大争议。对于预约合同与不具有法律约束力的意向书、附生效条件合同等之间的联系和区别亦常生争议。

（一）预约合同与本约合同

1. 预约合同与本约合同的二元性

预约合同从诞生开始一直面临独立性的危机。关于预约合同与本约合同之间的关系主要存在两种截然对立的观点。一是“同一合同说”。该说认为预约合同与本约合同属于同一合同。从预约合同诞生之初，该说即作为批判预约合同独立性的理论存在。二是“两个合同说”。该说认为预约合同与本约合同的意思表示不同、效力不同，属于两个独立的合同。[①] 两者的当事人缔约目的和法律关系不同：预约合同的缔约目的在于缔结本约合同，而本约合同的缔约目的在于本约合同的履行；预约合同的法律关系的内容为订立本约合同，而本约合同的法律关系的内容为本约合同约定的给付和对待给付。[②] 申言之，预约合同与本约合同是双方在不同缔约阶段的合意表现，两者并非简单的后者替代前者的关系。订立本约合同是预约合同的标的和目的，但本约合同并不能替代或者更新预约合同，预约合同不同于本约合同，其具有自身独立存在的价值，这也是所有关于预约合同制度问题讨论的逻辑起点。民法典第四百九十五条确立了预约合同制度的独立地位和价值。

2. 预约合同与本约合同区分的核心要素

合意是预约合同成立的基础，并指向将来订立本约合同的行为。判断合同为预约合同或者本约合同，首要区分标准为当事人是否具有在未来订立本约合同的明确意思。[③] 当事人只有以订立本约合同为目的签订的才是预约合同。[④] 根据民法典第四百九十五条以及《民法典合同编通则解释》第六条第一款的规定，我国对于某一合同属于预约合同还是本约合同，核心区分标准即在于当事人是否已在该合同中约定在将来一定期限内订立另一合同。换言之，即使某一合同的内容已经十分完备或者可以通过合同解释的方式补足其全部内容，但只要当事人在合同中明确约定在将来一定期限内需要订立另一合同，就应当认定其为预约合同而非本约合同。

---

① 参见朱晓东：《中国预约合同制度研究》，北京大学出版社 2020 年版，第 207~208 页。

② 参见王利明：《预约合同若干问题研究——我国司法解释相关规定述评》，载《法商研究》2014 年第 1 期。

③ 参见谢鸿飞：《民法典合同编总则的立法技术与制度安排》，载《河南社会科学》2017 年第 6 期。

④ 参见姜晓华：《我国〈民法典〉视野下的预约合同探析》，载《天津法学》2021 年第 4 期。

3. 预约合同向本约合同的过渡

预约合同成立后，如果当事人在约定的期限内另行订立了本约合同，则预约合同的使命完成，当事人之间的权利义务自应以本约合同为确定依据。除此以外，有一种情形可能导致当事人的预约合同关系转化为本约合同关系，即当事人虽未在约定期限内另行订立本约合同，但履行了应属于本约合同的主要义务，此时应当肯认当事人之间本约合同关系成立。《民法典合同编通则解释》第六条第三款即持该种观点。以商品房预售合同为例，其标的是将来订立商品房买卖合同，但如果购买人支付购房款且出卖人收受的，该行为并非履行商品房预售合同的义务，而是履行将来商品房买卖合同的义务，故应当认定双方已经成立事实上的商品房买卖合同关系。这就意味着，尽管当事人之间只有预约合同，但是当事人事后实施的行为足以表明其已经作出订立本约合同的意思表示，且符合本约合同的成立条件，则本约合同自然已经成立。[①]

（二）预约合同与意向书

意向书是指当事人之间表达合作交易意愿的先合同文件。[②] 典型的意向书中通常会明确其本身无任何法律约束力，仅宣称参与主体有缔结合同的意愿，并期待在一定的条件下进行友好协商，努力实现合作（合同缔结）。[③] 实践中，有的名为意向书的先合同协议可能并非此种典型的意向书。《买卖合同解释》第二条曾将意向书作为预约合同的表现形式之一，而民法典第四百九十五条并未将其明确列举为预约合同的表现形式，理由为“意向书在大多数情况下只是表明当事人签订合同的

① 参见最高人民法院民事审判第二庭、研究室编著：《最高人民法院民法典合同编通则司法解释理解与适用》，人民法院出版社2023年版，第105页。

② 参见王利明：《预约合同若干问题研究——我国司法解释相关规定述评》，载《法商研究》2014年第1期。

③ 参见许德风：《意向书的法律效力问题》，载《法学》2007年第10期。

初步意愿，还不能完全构成预约合同”①。但从法律解释的角度而言，民法典第四百九十五条并未完全排除将意向书认定为预约合同的可能性，因为可以将其解释为包含在该条“等”字的范围之内。实际上，从《民法典合同编通则解释》第六条第二款规定来看，意向书在满足一定条件下仍然可以被认定为预约合同。笔者认为，预约合同与意向书存在以下区别。

第一，当事人有无受协议拘束的意思表示。预约合同本质上为独立的合同类型，当事人负有签订本约合同的义务。而意向书并非有效的合同，其仅仅表达交易意向，对当事人并不具有法律约束力，当事人不负有将来诚信磋商并订立本约合同的合同义务。如果某一意向书中当事人无受协议约束的意思表示，而只是表达继续磋商的意愿，则一般不宜认定该意向书为预约合同。当然，有的意向书中也可能包含一些具有法律效力的条款，如排他性谈判、保密条款等，但这些条款均不指向本约合同的订立，因而与预约合同存在根本上的差异。如一方当事人违反上述义务，对方当事人可以通过要求其承担缔约过失责任寻求救济。

第二，协议内容及其完备性。预约合同具备合同成立的一般要件，有的甚至与本约合同内容并无二致，且预约合同中一般都包含在将来一定期限内订立合同的内容，即具有订立本约合同的期限和目的。但意向书一般无此内容或者模糊不清。

（三）预约合同与附条件合同

附条件合同与预约合同一样，都是私法自治的产物，两者的区别在于四个方面。

第一，订立合同的目的不同。当事人订立预约合同的目的在于相对

---

① 参见《第十三届全国人民代表大会宪法和法律委员会关于〈中华人民共和国民法典（草案）〉审议结果的报告》，载《中华人民共和国全国人民代表大会常务委员会公报》2020 年第 S1 期。

固定交易机会，并经进一步磋商订立本约合同，但因当事人保留最终决策权，本约合同是否能够最终订立并不确定。而附条件合同订立的目的在于延缓合同生效的时间，合同是否生效取决于其所附条件是否成就，但附条件合同本身已经成立，无进一步磋商之必要。

第二，合同的效力不同。预约合同系独立的合同类型，在无特殊之约定时，成立时即生效。而附条件合同只有待条件成就时才生效。

第三，当事人权利义务不同。预约合同订立后当事人负有诚信磋商并最终订立本约合同的义务，而附条件合同当事人的主要义务在于不得阻止所附条件成就或者不成就。

第四，从民法典和《民法典合同编通则解释》相关规定来看，认定预约合同的关键在于当事人是否具有“在将来一定期限内订立合同”的合意，这也成为区分预约合同和附条件合同的关键：如果具备该种合意，应为预约合同；如无此种合意，无论当事人约定的条件是否成立，合同性质为附条件合同，而非预约合同。[①]

三、实践主义之维：聚焦法律适用

（一）预约合同的法律效力

1. 关于预约合同法律效力的不同观点

预约合同的法律效力是研究预约合同制度的核心内容之一，也是理论和实践中争议最大的部分。目前，关于预约合同法律效力的问题存在四种不同观点，分别为“视为本约合同说”“诚信磋商说”“应当缔约说”“内容决定说”。其中，司法实践中的主要争议是采用“应当缔约说”还是“诚信磋商说”。“应当缔约说”认为，预约合同的义务人负担缔结本约合同的义务，义务人拒不缔结本约合同的，法院可以通过判

① 参见陆青：《〈买卖合同司法解释〉第2条评析》，载《法学家》2013年第3期。

决确定当事人之间缔结本约合同。① “诚信磋商说” 认为，预约合同当事人仅负有磋商义务而并不扩大到最终订立本约合同。② 其优势在于最大限度地保证当事人依据内心真实意思订立合同的自由，体现了对当事人合意的尊重。只要当事人为最终合同的订立作出了真诚且善意的磋商行为，预约合同便已经履行，当事人不再因本约合同未签订而承担责任。

2. 《民法典合同编通则解释》的选择——“诚信磋商说”

《买卖合同解释》第二条关于预约合同效力的规定较为模糊，但从条文表述来看，倾向于采取“应当缔约说”。然而，从具体司法实践来看，最高人民法院的倾向性审判思路是采用“诚信磋商说”。③ 例如，在《最高人民法院公报》刊登的案例“戴某飞案”中，法院认为，双方当事人签订的合同属于预约合同，应承担积极磋商的合同义务，戴某飞不同意本约合同草稿中的不公平条款属于“合理磋商行为”，双方未达成合意，戴某飞不构成违约；在最高人民法院审理的“武汉某集团有限责任公司与某大学租赁合同纠纷再审案”中，法院也认为当事人依据预约合同取得的权利实质是要求对方进行磋商的权利。④ 有的案例甚至明确排除“应当缔约说”的适用。⑤

相较于《买卖合同解释》第二条的模糊化规定，《民法典合同编通则解释》第七条关于预约合同效力的规定较为明确，当事人如果在磋商订立本约合同过程中存在违背诚信原则的行为导致未能订立本约合同

---

① 参见王泽鉴：《债法原理》，中国政法大学出版社 2001 年版，第 150 页。

② 参见孙维飞：《〈合同法〉第 42 条（缔约过失责任）评注》，载《法学家》2018 年第 1 期。

③ 参见耿利航：《预约合同效力和违约救济的实证考察与应然路径》，载《法学研究》2016 年第 5 期。

④ 参见最高人民法院（2014）民申字第 1893 号民事判决书。

⑤ 例如，最高人民法院在（2016）最高法民申 200 号民事判决书认为，预约合同“可由人民法院强制缔结本约的法律依据并不充分，否则有违合同意思自治原则，亦不符合强制执行限于物或行为的给付而不包括意志给付的基本原理”。

的或者直接拒绝订立本约合同的，构成违约。换言之，预约合同订立后，当事人应当进行诚信磋商并致力于最终订立本约合同，不能违背诚信原则进行磋商或者无故拒绝签订本约合同，否则将承担相应的违约责任，实际上采纳了“诚信磋商说”的观点。

对于何谓诚信磋商的问题，《民法典合同编通则解释》第七条第二款规定“应当综合考虑该当事人在磋商时提出的条件是否明显背离预约合同约定的内容以及是否已尽合理努力进行协商等因素”。至于如何判断该条件是否明显背离预约合同约定的内容，需要区分不同情况而定：对于预约合同已经对未来本约合同的内容作了详细约定的，当事人在磋商订立本约合同的过程中就不能背离预约合同已经达成的合意；对于预约合同中已经约定但仍需进一步磋商确定的，如对于暂定价格，当事人在磋商订立过程中就不能提出明显背离该暂定价格的条件，否则该暂定价格的确定将毫无意义；对于预约合同中未涉及的内容，应当以合同解释、合同漏洞填补规则确定的内容为依据判断当事人所提条件是否合理。[①] 总之，尽管当事人在预约合同订立后对于是否订立本约合同享有最终的决策权，但在磋商订立本约合同时，当事人应当秉持诚信原则进行磋商，尽最大努力促进本约合同的订立，否则将构成违约并需承担相应的违约责任。

（二）预约合同的违约责任

预约合同效力讨论的最终落脚点在于预约合同的违约责任形式。[②] 民法典合同编规定的违约责任形式包括继续履行、损害赔偿、违约金等。当预约合同一方违反预约合同时，守约方能否请求其继续履行即订

① 参见最高人民法院民事审判第二庭、研究室编著：《最高人民法院民法典合同编通则司法解释理解与适用》，人民法院出版社2023年版，第111~112页。

② 参见陈峻阳：《论预约合同的违约责任》，载《河南大学学报（社会科学版）》2021年第2期。

立本约合同？如果主张损害赔偿，损失范围如何界定？

1. 预约合同违约责任形式不包括继续履行

关于违反预约合同的责任形式是否包括继续履行的问题，理论和实践中存在“肯定说”“否定说”“区分类型说”的争议。“肯定说”认为，继续履行是对意思自治的尊重，因为当事人订立预约合同的根本目的是最终订立本约合同，而且继续履行有助于保护守约方的信赖利益，具有不可替代性。[①]“否定说”认为，强制缔结合同是对合同自由原则的根本违背，并且本约合同的缔结通常会有未决条款需要补足，当事人磋商不成，法院却越俎代庖强制表意，无异于代替当事人作出意思表示，势必侵犯当事人的意思自治。[②]“区分类型说”则根据预约合同的内容将预约合同区分为简单预约合同、典型预约合同和完整预约合同，简单预约合同和典型预约合同不能强制履行，完整预约合同则可以强制履行。[③]《买卖合同解释》第二条对于这一问题语焉不详，民法典第四百九十五条第二款仅笼统规定“当事人一方不履行预约合同约定的订立合同义务的，对方可以请求其承担预约合同的违约责任”。但是，此违约责任是否包含继续履行并不明确。

《民法典合同编通则解释》第八条第一款虽然也未对当事人违反预约合同是否可以采取继续履行的救济方式作出明确规定，但是通过解读其对违反预约合同后果的规定可以看出，立法者倾向于认为，不宜采取继续履行的方式对违反预约合同的行为进行救济。笔者亦赞同“否定说”，即违反预约合同的救济方式不包括继续履行，原因有以下三点。

第一，由预约合同产生的缔约义务属于“债务的标的不适于强制

---

① 参见黄绍坤：《论强制履行作为预约违约的责任形式》，载《甘肃政法学院学报》2019 年第 6 期。

② 参见史浩明、程俊：《论预约的法律效力及强制履行》，载《苏州大学学报（哲学社会科学版）》2013 年第 5 期。

③ 参见刘承韪：《预约合同层次论》，载《法学论坛》2013 年第 6 期。

执行的”债务。预约合同所产生的缔约义务即进行诚信磋商并最终订立本约合同的义务，实质上属于一种非金钱债务，当事人是否进行诚信磋商、如何磋商以及是否订立本约合同，均应由其自行决定。如法院强制当事人订立本约合同，将剥夺当事人的意思自由，而与合同自由原则相悖。

第二，采取继续履行的救济方式将损害预约合同制度的独立价值。当事人之所以选择订立预约合同而不直接订立本约合同，最主要的原因在于为双方固定交易机会的同时保留对完成交易的最终决策权。换言之，预约合同为当事人提供了“毁约”即最终不订立本约合同的选项，纵然这可能与合同应当信守以及诚信原则相违背，但这也正是预约合同的独立价值所在。相反，如果允许采用继续履行的救济方式，那么就意味着预约合同与本约合同已无区分之必要，本约合同的订立成为必然，司法将代替当事人的意思自治决定本约合同的订立以及部分为预约合同所缺失的内容。这等于否定了构建预约合同制度的意义。

第三，预约合同的规范功能可以通过损失赔偿的救济方式予以实现。当事人订立预约合同旨在未来一定期限内订立本约合同，在一方当事人不诚信磋商导致合同未能订立或者直接拒绝订立本约合同的情况下，排除继续履行这一救济方式，如何规制违约方的不诚信行为以保护守约方的信赖利益？笔者认为，赔偿损失作为一种兜底性的权利救济方式，能够为所有类型的合同当事人提供最终的救济路径，预约合同的规范功能也完全可以通过这一救济方式得到实现。

2. 违反预约合同之损害赔偿范围的界定及因素考量

违反预约合同不得强制缔结本约合同，但这绝不意味着违约方不承担任何法律责任，一方当事人违反预约合同的，对方可以请求其赔偿因此造成的损失，此并不存在争议，有争议的是如何界定损害赔偿的范围。笔者认为，在预约合同违约损害赔偿范围的界定上，既不能将其限定在本约合同的履行利益上，也不能将其限定在订立本约合同的信赖利益上，而应综合考量预约合同的内容、当事人为订立预约合同以及本约合同付出的交易成本、本约合同如订立后当事人获得的履行利益等诸多因素，并从以下几个方面进行具体把握和衡量。

第一，预约合同违约损害赔偿范围以订立本约合同的信赖利益为下限。在普通交易模式下，法律基于保护信赖利益的需要，规定了缔约过失责任制度。而在“预约—磋商—本约”这一交易模式中，当事人不但进行了实质性磋商，还订立了预约合同，约定将来一定期限内订立本约合同，当事人对于订立本约合同的信赖程度要明显高于普通缔约模式下的磋商当事人。在当事人无预约合同的情况下，法律尚且规定对信赖利益予以保护，在存在预约合同的情况下，当事人的受保护程度只会更高。因此，根据“举轻以明重”的原则，违反预约合同的损害赔偿范围应当大于订立本约合同的信赖利益。

第二，预约合同违约损害赔偿范围以本约合同的履行利益为上限。按照常理，预约合同不同于本约合同，违反预约合同的法律责任自应有别于违反本约合同的法律责任，否则将架空预约合同制度。因此，违反预约合同的损害赔偿范围绝不能等同于本约合同的履行利益。况且当事人在订立预约合同时即应明知尽管当事人约定了将来一定期限内订立本约合同，但是当事人对于是否最终订立本约合同仍享有最终决策权。换言之，本约合同的订立本就具有一定的不确定性，违约方在订立预约合同时难以预见本约合同订立并履行后守约方可以获得的利益。根据民法典第五百八十四条所规定的可预见性规则的限制，违约方无须赔偿其无法预见的损失。

第三，预约合同违约损害赔偿范围以交易成熟度为核心考量要素。预约合同所体现的交易成熟度越高，越接近本约合同，赔偿的范围也就越接近本约合同的履行利益；相反，预约合同所体现的交易成熟度越低，离订立本约合同越远，赔偿的范围也就越接近于订立本约合同的信赖利益。[①] 但是，如何判断预约合同的交易成熟度？《民法典合同编通则解释》第八条第二款规定了两个衡量因素：一是预约合同内容的完备程度；二是订立本约合同的条件成就程度。（1）关于预约合同的完备程度。实践中相当一部分预约合同已经非常完备，以至于与本约合同并无二致，当事人进一步磋商的空间已经微乎其微，只等约定期限到来签字即可。此时，对于预约合同违约损害赔偿的范围就应参照本约合同订立后的履行利益予以酌定。相反，如果预约合同仅就合同主体和标的进行了约定，对于数量、价格、履行期限和方式等约定不够明确，尚需要进一步磋商，则表明交易成熟度较低，此时对于预约合同违约损害赔偿的范围参照本约合同的信赖利益确定即可。（2）关于订立本约合同的条件成就程度。如前文所述，当事人之所以选择订立预约合同而不直接订立本约合同，既可能是客观原因所致，如开发商未取得商品房预售许可证，也可能单纯是双方当事人的主观原因所致，如欲通过此种交易模式延缓合同订立及生效时间，同时又相对固定此交易机会。如果预约合同订立后，因客观原因导致一方无法订立本约合同，即使合同内容完备，也不能参照本约合同的履行利益确定损害赔偿范围，而应当考虑这种客观情形的发生是否为违约方的过错所导致，进而在本约合同的信赖利益与履行利益之间酌定赔偿数额。

① 参见吴光荣：《预约合同的司法认定与违约救济——以〈合同编通则解释〉的相关规定为中心》，载《法学评论》2024 年第 2 期。

最新法律文件解读丛书
稿 约

最新法律文件解读丛书是一套以为最新法律规范提供同步“解读”为主的系列丛书，分为刑事、民事、商事、行政与执行4个分册，按月出版。

本丛书以“解读”为重点，突出全、专、新、快、准等特点，通过对最新出台的法律、法规、司法解释、部门规章以及重要地方性法规进行同步动态解读，弥补了法律、法规、司法解释汇编类出版物没有同步阐释、解读内容的不足，为广大读者学习理解最新法律规范，正确贯彻执行法律文件，及时解决实践中的新情况、新问题，提供一个全方位、多层面的法律信息平台。

欢迎您向以下栏目赐稿：

【最新法律文件解读】主要是对最新颁行的法律文件进行解读，帮助司法和执法人员正确理解法律文件的立法背景、意义、重点内容、在适用中应注意的问题、与相关法律文件的衔接与互动关系等。

【司法实务问题研究】主要刊登对司法理论、实务及司法管理工作中的热点、疑难问题进行研究及评论的文章。

【新类型疑难案例选评】主要是对司法和行政执法实践中具有典型性和代表性的疑难案例，结合具体案情以及审理或处理结果进行简练精辟的点评，解析认识问题的方法、处理问题的法律依据和在个案中的具体适用。

【法学前沿与新视点】以摘要的形式刊登相关法学理论研究的最新动态及具有代表性和典型性的前沿问题，扩展法学研究的深度和广度。

【法律适用问题解答】主要针对司法和行政执法实践中面临的新问题、热点问题、疑难问题进行简要的解答，指出涉及的法律关系，明确法律适用依据。

稿件一经刊用即付稿酬，稿酬从优。

《刑事法律文件解读》 杨晓燕 邮箱：5184621@ qq. com

《民事法律文件解读》 杨 洁 邮箱：1216921515@ qq. com

《商事法律文件解读》 路建华 邮箱：shangshijiedu@ 126. com

《行政与执行法律文件解读》 丁塞峨 邮箱：1290312696@ qq. com

人民法院出版社

最新法律文件解读丛书编辑部